이
석
철
 자
서
전

오래된
리어카

"잘 살았든, 못 살았든 사람은
누구나 최소한 책 한 권 분량의
인생이야기는 갖고 있다."

어느 소설가의 말

2006년 내 칠순 때 자녀 4가족이 모두 모여 사진을 찍었다. 이후로 태어난 손주가 둘 더 있다.

차례

머리말 같은 일러두기　　6

1부　내 인생 이야기

우각, 여주이씨	10
그래, 찢어지게 가난했다	14
7살에 사망신고를 하고, 다시 태어난 사연	19
전교 1등으로 초등학교 졸업	24
배곯았던 포항중 유학시절	29
대통령 이명박과 동창	34
대구사범 합격, 하지만 진학 포기	39
내가 겪은 6·25전쟁	44
소처럼 일하다 결혼을 하다	50
29살에 시작한 군생활은 인생의 휴가	55
대구로 이사하다	61
리어카 장사 36년	67
달서구에 장만했던 첫 집	75
중동 337-1번지	79
그 시절의 이웃들	86
1989년 국무총리 저축상 수상	92
고맙고, 또 고마운 큰딸 위숙	99
60년 전의 수재와 성경필사	104

차례

정이 많은 큰아들 도경	111
버릴 게 없는 둘째딸 경미	115
나를 닮은 막내아들 도화	124
먼저 떠난 집사람	132
아버지 같았던 큰형님	136
가장 가까웠던 둘째형님	142
고향을 지킨 셋째형님과 동생 학석	146
처가 사람들	154
친구들	158
한자 할아버지와 파자놀이	166
오랜 친구 리어카, 새 친구 자전거	171
80이 넘어 생긴 취미, 서예	176
유사자연향 하필당풍립	183

2부 내가 본 우리 아버지

무서운 아버지의 변화	194
마음속 가장 깊은 곳에 계신 분	203
아버지의 돈주머니	205
가훈 그 자체였던 아버지	210
손주에게 쓰는 편지	212

머리말 같은 일러두기

·   이 책은 1937년생 경상북도 포항시 신광면 우각동에서 태어난 이석철이 나이 팔순에 자신의 삶을 기록으로 남긴 것입니다. 2016년 10월 3일 팔순 생일에 처음 발간됐고, 2020년 8월 개정판이 나왔습니다.

··   이석철이 구술하고, 작은 사위 유병철이 글로 정리했습니다. 저자의 뜻을 살리기 위해 윤문은 가능한 자제했습니다.

···   저자는 남들에게 자랑하기 위해 이 책을 화려하게 치장하기를 원하지 않았습니다. 자손들에게 담담한 기록을 남기는 것이 목적인 까닭에, 형식과 내용 모두

가능한 담백하게 만들었습니다. 나이가 많으신 분들이 읽기에 편하도록 큰글씨체를 사용했습니다.

···· 책의 내용은 이석철의 기억과 생각에 기초한 것이기에 혹시 잘못된 것이 있다면 특별한 목적이 있어서가 아니라, 순전한 착오임도 밝혀둡니다. 또 사실이라고 하더라도 들추고 싶지 않은 내용이 있다면 그 또한 넓은 이해를 구합니다. 예기치 않은 잘못에 대해서도 미리 정중한 사과를 드립니다.

1부

내 인생 이야기

우각, 여주이씨

젊은 시절 찍은 내 증명사진.

나는 1937년 9월 4일 생이다. 양력으로는 며칠인지를 죽 모르고 살았는데, 이 책의 원고를 정리하던 작은 사위가 컴퓨터를 몇 번 쳐보더니 10월 7일 목요일이라고 알려줬다. 그게 뭐 그리 중요하겠는가마는 80살이 돼서야 정확한 양력생일을 안 셈이다. 어쨌든 날씨가 좋은 가을에 태어난 것은 분명하다.

출생지는 경상북도 영일군 신광면 우각동(리) 78번지다. 행정구역 개편으로 지금은 경북 포항시 북구 신광면이다. 교통이 발달한 요즘은 출생지와 유년시절을 보낸 실질적인 고향이 다를 수 있지만, 일제강점기였던 내 어린 시절은 출생지와 고향이 일치한다. 내 나이 때 사람들은 대부분 그럴 것이다.

환경도 그렇다. 씨족마을이어서, 주위는 죄다 일가사람들뿐이었다. 우각동은 한창 때 270가구가 사는 큰 동네였는데, 처음에는 타성(他姓)이 아예 없었던 것으로 안다. 내가 어릴 적에도 서당지기 외에는 모두 여주이씨였다. 우각은 지금이야 연중행사로 벌초와 제사 등 용무가 있을 때만 찾고 있지만 내 삶과는 떼려야 뗄 수 없는 고향이다.

글을 쓰면서 자연스럽게 얘기하겠지만, 나는 종교가 없다. 굳이 종교를 대라고 하면 유교다. 조상을 섬기고, 전통을 소중히 여기며, 예를 중시한다. 원래 경상북도가 유림의 뿌리가 깊은 고장이고, 이곳을 기반으로 80년을 살았으니 그것이 옳든 틀리든 나는 그렇게 살아왔고, 아직도 그것이 옳다고 믿는다. 젊어서는 아내와 아이들이 교회에 다니는 것이 마음에 들지 않아 갈등도 있었지만, 나이가 들면서 가족은 물론 다른 이들의 종교를 존중하고 있다.

우각동은 여주이씨 오이공파의 고장이었다. 퇴계 이황이 동방사현으로 일컬은 회재 이언적(1491~1553 여주이씨 경주파)의 5번째 손자인 오의정(五宜亭) 이의택(李宜澤) 일가가 17세기 이후 이쪽으로 와 세거해온 동네다. 우각동의 인근인 경주 양동마을에 회재 이언적의 종택인 무첨당이 있다. 아마 양동마을에 살던 이의택이 우각동으로 옮겨왔을 것이다. 실제로 양동마을에 무첨당이 있다면, 우각동에는 '포항 우각리 여주이씨 고택'이 있다.

참고로 이의택은 임진왜란 때 16세의 나이로 의병을 일으켰고, 이순신 장군에 의해 참좌(參佐, 정확히는 모르겠으나 옛날 어른들로부터 식량을 책임지고 운반하는 일을 했다고 한다)로 발탁되신 훌륭한 분이다. 그는 훗날 이름을 이온으로 바꾸고 〈오의정집〉에 '용사일록'을 남겼다. 기록을 보면 양동과 우각동은 왜란 때 노비들이 도망가거나 폭동을 일으킨 사례가 없을 정도로 품위가 있는 마을이다. 한 역사학자는 "(양동마을은)성씨와 계층을 막론하고 국난 타개에 기여했다. 양반들은 창의하여 근왕(勤王)·토적(討賊)을 위해 힘쓰고 노비들은 피란 시 물자의 이동 및 임시 거처를 마련했으며, 때로 왜적을 포획·참살하는 공을 세우기도 했다"고 발표한 바 있다. 이러한 양동마을 공동체에도 크게 기여한 이의택은 입지전적인 인물이다. 나, 이석철은 이의택 어른의 11대손이다.

그래, 찢어지게
가난했다

요즘 사람들이 촌동네를 잘들 모르는 것 같아서 하는 말인데 270가구는 상당히 큰 마을이다. 그리고 우리집이 가장 못살았다. 같은 여주이씨 마을이라고는 하지만 그 안에도 빈부차가 심했던 것이다. 나는 1888년생인 아버지 이운구 씨와 띠동갑인 평양황씨 황경옥 씨(1900년생)의 5남1녀 중 4째아들로 태어났다. 맏이였던 누님과는 20살차, 큰 형님과는 17살 터울이 났다. 잘은 모르겠지만 아버지도 찢어지게 가난했던 것으로 안다.

아버지는 17살 때 부친(내 할아버지)이 돌아가시면서 줄곧 남의 집 일을 했고, 입에 풀칠하기가 힘들었다고 한다.

우리도 전쟁을 겪고, 어렵게 자랐지만 내 아버지는 그보다 더한 구한말을 사셨으니 그 삶은 아주 고달팠을 것이다.

사실상 고아나 다름없었고, 가진 것도 없었으니 아버지는 장가도 늦게 갔다. 아버지가 25살, 어머니가 13살인 1912년에 혼례를 올렸다. 큰 누이가 1917년생이니 어머니는 시집을 왔어도 워낙 나이가 어려 애를 낳지 못하다가 만 17살에 첫 애를 본 것이다.

내 아버지는 뼈가 빠지게 일만 하신 분이었다. 고향인 우각에서 경북 의성 쪽으로 가다보면 예한댁이라고 천석꾼 집안이 있었는데, 아버지는 그 집의 논 7마지기를 부쳤다. 뒤에 자세히 얘기하겠지만 결벽증에 가까운 내 꼿꼿한 성벽은 아마도 아버지로부터 물려받은 것이 아닌가 싶다. 일제로부터 해방(1945년)되고 농지개혁이 있었는데, 어수선한 이때에 소작인은 붙여먹던 논을 마음만 먹으면 자기 명의로 돌릴 수 있었다. 어떻게 보면 양심불량일 수도 있지만 당시 많은 소작인들이 그렇게 했다. 그런데 내 아버지는 그렇게 하지 않으셨다.

한 10년 정도 지난 후에, 그러니까 1955년께 지주는 나이가 들고, 아들들이 장성해서 객지로 나가게 되자 농사를 짓는 게 여의치 않아졌다. 큰머슴이 3명, 잔머슴 1명이 그 집일을 했는데 그 관리를 할 사람마저 없어진 것이다. 그래서 지주가 논을 팔았는데 그때 아버지가 그걸 샀다. 아버지가 양심적인 사람이라고 지주가 헐케 팔았다고 한다. 해방은 내 나이 9살, 논을 산 것은 19살이었을 때이니 이는 내가 직접 보고 들은 일이다.

어쨌든 7마지기의 우리땅이 생겼고, 조금 있다가 또 4마지기를 사서 형편이 조금 폈다. 물론 그렇다고 먹고 살 만해졌다는 것은 아니다. 아직 특수작물도 없었으니 보릿고개에 굶주리는 것은 여전했다. 당시의 굶주림은 말로 다 표현하지 못할 정도였다. 나를 포함해 그때 사람들의 체격이 크지 않은 것은 다 이유가 있다. 심지어 우리땅이 있다 해도 그것으로는 많은 식구들이 다 먹고 살 수가 없어 아이들, 그러니까 내 형제들은 머슴살이를 나갔다.

요즘 세상에는 젊은 사람은 물론이고, 40~50대 중

년들도 '머슴살이'를 직접 경험한 이는 거의 없을 것이다. 하지만 너무도 가난했던 우리 시대에는 머슴사는 일이 아주 흔했다. 우리집만 해도 큰 형님은 아버지를 도와 우리 농사를 지었지만, 둘째와 셋째 형님은 어려서부터 남의 집으로 가 머슴살이를 했다. 내 동생(막내)까지 머슴이 됐으니 집에는 주로 큰 형님과 나만 있었다. 머슴은 간단하다. 한 14~15세쯤 되면 부잣집으로 가 거기서 일하면서 먹고 자는 것이었다. 세경이 쥐꼬리만큼 있었지만 의미 있는 돈을 모을 정도는 안 됐다. 심지어 장가를 가서도 머슴살이를 하는 경우도 많았다. 낮에는 남의 집에 가서 머슴일을 하고, 자기집으로 퇴근하는 것이다. 우리 형님들과 내 동생이 그랬다.

어쨌든 어렸을 때 나는 아버지, 어머니 그리고 큰 형님 내외, 내 동생(나중에 머슴살이를 나갔지만), 그리고 큰 형님의 딸 4명(내게는 질녀)과 한 집에서 살았다. 조카는 아들 둘이 더 있었지만 모두 일찍 죽었다. 죽은 큰 조카는 나랑 동갑이었기에 어린 시절 함께 많이 어울렸다. 그러다 열 살 때 우각에 전염병이 돌아서 애들이 참 많이 죽었는데 그때 유명을 달리했다. 그때는 내가 죽지 않은 것이 신기했을 정도로 집집마다 어린 아이들이 줄지어 거적에 실려 나갔다.

큰누님은 내가 태어나기도 전에 시집을 갔다. 처음엔 우각동에 살았는데, 이후 영천으로 가 살았다. 자형도 남의 집 머슴을 살았으니 고생은 매한가지였을 것이다. 아, 우리가 5남1녀지만 사실 셋째 형님과 내 사이에 둘이 더 있었다고 한다. 모두 장티푸스로 어린 나이에 명을 달리한 까닭에 내 기억에는 남아있지 않지만 말이다.

7살에 사망신고를 하고, 다시 태어난 사연

시절이 그랬기 때문일까. 어린 시절 내 사진은 거의 없다. 심지어 우각동 때 사진도 찾기가 힘들다. 우각동에 살 때 젊은 새댁이었던 아내의 모습.

사람의 기억은 참 신기하다. 80의 나이가 됐는데 어린 시절 옛집에 대한 기억은 아직도 생생하다. 아내가 병석에 눕기 전에는 문중일로 1년이면 여러 번을 우각동에 갔지만 이후로는 벌초 때만 고향에 간다. 지금은 70호 정도가 사는 우각동은 사람들이 도회지로 떠나면서 없어진 집이 많지만 내가 장가가기 전에 살았던 집은 아직 남아 있다. 물론 옛날 초가집이 아니라 현대식 농촌주택으로 개축했지만 그 위치에 집이 있다. 내가 결혼해 살던 집은 터만 남아있을 뿐 없어졌다.

머슴살이를 하던 아버지가 우각동 내에서 집을 여러 번 옮긴 까닭에 내가 정확히 어느 집에서 태어났는지는 모른다. 하지만 내가 어린 시절을 보낸 옛집은 그 구조까지 잘 기억한다. 큰 방이 있고, 그 옆에 '멀방'이 붙어 있다. 옆에 정지(부엌)가 있고, 조금 떨어져 아래채에는 사랑채와 외양간이 있었다. 좀 떨어진 곳에 뒷간도 있었는데 마당이 참 넓었다.

외갓집은 산 너머 화봉동이었는데 딱 한 번 가봤다. 지금은 지척이지만 당시는 걸어서 2시간이나 걸렸던 까닭에 웬간해서는 갈 일이 없었다. 주로 우리집의 마당과 근처에서 놀았고, 먹고 살기 힘들었던 시절인 만큼 어려서부터 나무도 하고, 소풀도 먹이는 등 농사와 집안일을 거들었다. 그렇게 일을 해도 끼니를 제대로 때우기 힘든 시절이었다.

집에서 가장 가까운 국민학교(지금의 초등학교)는 면 소재지(신광면)에 있었다. 다리도 없던 시절(다리는 내가 대구로 돈 벌러 나온 이후에 생겼다)이었기에 물을 7번이나 건너야 학교에 갈 수 있었다. 거리가 7마장[01]이었으니 빨리 걸으면 30분 정도 걸렸다.

나는 10살에 초등학교에 들어갔다. 7살에 학교에 간 아이들에 비하면 3년이 늦은 것이다. 여기에는 사연이 있다. 내 원래 이름은 석두였다. 집안사람이었던 동장이 출생신고를 하면서 이름을 그렇게 적었던 것이다. 하지만 그 시절 시골에서 다 그렇게 하듯 나는 본 이름보다는 애칭인 '실근이'로 불렸다.

초등학교에 입학할 8살 때 '석두'라는 법적 이름을 찾았는데, 공교롭게도 대소서(지금의 법무사격)를 하던 8촌형님과 이름이 같았다. 그 형님이 동네에 똑같은 이름이 있으면 안 된다고 해서 면사무소로 이름을 바꾸러 갔다. 그런

---

[01] 거리를 나타내는 옛 단위로 5리나 10리가 못 되는 거리를 이른다.

데 면서기가 이름을 못 고친다고 했다. 정 고치려면 사망신고를 하고, 출생신고를 새로 하라는 것이었다. 웃지도 못할 해프닝이지만 그때는 그랬다. 나름 글귀를 다루던 집안 형님이 이름을 바꾸라고 하면 바꿔야 했고, 관(면사무소)에서 죽은 다음에 다시 살리자고 하면 또 그래야 했다. 이렇게 해서 나는 '1944년생 이석철'로 다시 호적에 이름을 올렸다. 정작 그때 들어갔어야 할 초등학교 입학은 못하고 말이다.

나는 1937년생으로 2016년이 꼭 팔순이었다. 하지만 법적으로는 73세였다. 이 때문에 경로우대를 7년이나 늦게 받는 손해도 있었지만, 나이가 들어 아파트경비 등의 일을 할 때 남들보다 유리하기도 했다. 물론 실제 나이보다 젊어 보이고, 건강상태가 좋은 까닭에 44년생이라 해도 전혀 무리가 없다.

어쨌든 창졸지간 8살에 다시 태어났으니 입학통지가 옳게 올 리가 없었다. 또 집에서는 일을 시킨다고 빨리 학교에 보내고픈 뜻도 없었던 것 같다. 실제로 내 위로 형님 3명은 초등학교를 다니지 못했다. 그러다 2년 뒤인 10살 때

(1946년), 앞에서도 잠깐 언급했지만 해방이 되고 집안사정이 조금이나마 나아지면서 면사무소를 찾아가 실제 나이를 대고, 간신히 입학통지를 받았다. 호적상으로는 3살에 초등학교에 간 것이다.

초등학교에 가기 전, 그러니까 8~9살 무렵의 일도 어렴풋이 기억에 난다. 형님이 남의 집 논일을 하면 주인집이 밥과 먹을 것을 준다. 그러면 나는 밥때에 맞춰 숟가락 하나 들고 그리 갔다. 일꾼들이 먹고 난 후에 아이들 밥을 주는데 그걸 얻어먹기 위해서였다. 그러던 날들 중 언젠가 큰형님이 고등어 한 토막을 감나무 이파리에 싸서 내게 주며 "아버지 갖다드려라"라고 시켰던 일이 기억난다. 그렇게 먹고 살기 힘들어도 예나 지금이나 사람 마음은 다 같은 법일 게다.

전교 1등으로 초등학교 졸업

우여곡절 끝에 1946년 신광초등학교에 입학했다. 참고로 나보다 한두 살 많은 동네사람들은 주로 초등학교를 다니지 않았다. 아마 먹고 살기 힘든 것도 있지만, 학교가 생긴 지 얼마 되지 않았던 것도 원인이었으리라 본다. 내 동갑내기의 경우, 나처럼 초등학교를 다닌 사람도 있고, 다니지 못한 사람도 있었다. 참고로 우각동에는 내 동갑들이 많았다. 여자아이는 빼고 사내만 9명이었다. 이중 3명이 초등학교에 갔는데 두 명은 7살에 들어갔고, 나는 이들보다 3년이 늦었다. 친구 둘은 신광초등학교 6회 졸업생, 나는 9회가 됐다.

신광초등학교는 한 학년에 두 학급이 있었다. 한 반에 70명이 조금 넘었다. 6학년까지 있었으니 총 12학급에 불과했지만, 시설이 열악했던 까닭에 교실이 모자라 수업 시간에 강변으로 나가 놀았던 기억도 많다. 한 번은 강가에서 1학년과 2학년이 씨름을 겨뤘는데 내가 속한 1학년이 이겼다. 원래 이 나이 때는 한 살 차이도 제법 체격에 차이가 나곤 한다. 하지만 당시는 내 경우처럼 많은 나이에 입학한 경우가 많았기 때문에 학년차이는 의미가 없었다. 실제로 우리 반에 나보다 나이가 많은 급우가 둘이나 있기도 했다. 어쨌든 1학년이었던 나는 2학년 23명을 메다꽂았던 기억이 있다. 나이도 많고, 농사일로 힘이 붙었으니 그게 가능했을 것이다. 지금은 작은 체구지만, 당시는 조금 큰 편이었다.

공부는 내가 생각해도 잘했다. 학교에 있는 시간을 제외하면 집에 와도 농사일을 거들기에 바빴지만 틈나는 대로 늦게 시작한 공부에 열중했던 까닭이었다. 소를 풀 먹이면서도 책에 중요한 것을 적어가 외우곤 했다. 뭐든 열심히 하면 다 되는 법이다. 그러니 한글도, 한문도 모르고 학교에 갔지만 성적이 좋았던 것이다.

초등학교 4학년 때인가, 동네의 서당 같은 곳으로 가 한문을 배운 적이 있다. 또래 두 친구와 함께 택호가 '안호택'이라는 곳으로 가 천자문부터 익혔다. 이후 계몽편(조선시대 초학 아동교육용 교과서)은 건너뛰고 시문이 가득한 동문선서를 배웠다. 이것이 내 인생에 큰 도움이 된 것 같다.

중학교를 졸업한 후 농사일을 할 때도 집안 어른으로부터 명심보감을 잠깐 배웠는데 이것도 참 좋았다. 혈기왕성한 때인지라 저녁에는 노는 데 정신이 팔려 있었지만 그래도 명심보감을 배우는 시간은 놓치지 않았다. 낮에는 하염없이 일만 하다가, 저녁이면 나무를 해다 놓고 명심보감을 보고 그랬다. 아마도 배움에 대한 아쉬움이 컸던 탓일게다. 기억력이 쇠할 정도로 나이가 들었지만 지금도 명심보감의 많은 구절들이 머릿속에 남아 있다.

어쨌든 나는 초등학교 시절 1등을 놓치지 않았다. 졸업도 수석이어서 교육감상을 탔고, 부상으로 당시에는 아주 귀했던 옥편을 받았다. 이 옥편은 표지가 낡아 다 떨어졌지만 지금도 내 방 앉은뱅이책상 위에 놓여있고, 가끔 한자를 찾아볼 일이 있으면 들여다본다. 이것은 나의 팔십 평생을 거쳐간 그 많은 물건 중 가장 오랫동안 나와 함께한 물건이다. 예전에는 자녀들이 새것 사줄 테니 버리라고 했지만, 이제는 그 말을 꺼내지도 못할 정도로 의미 있는 물건이 됐다. 참, 초등학교를 졸업할 때는 수석으로 받은 교육감상 외에도 우등상, 개근상까지 받았다.

아직도 이름이 기억나는 초등학교 동무도 있다. 박석암이라고 공부를 잘했다. 그때는 '반' 대신 '조'라는 표현을 썼는데 내가 1조 1등이고, 그 친구가 2조 1등이었다. 학년대표도 서로 나눠가며 했다. 전체적으로 내가 조금 앞섰는데, 그 친구도 공부로 유명했다. 내 라이벌이었던 셈이다. 그런데 이 친구는 70도 안 돼 죽고 말았다.

쑥스럽지만 조금 잘난 척을 하자면 어쨌든 이석철 하면 신광면 일대에서는 알아줄 정도로 공부를 잘했다. 나이가 들어서 초등학교 동창회에 서너 번 참석했는데 학교 다닐 때 전혀 교류가 없었던 여자동창들까지 내 이름을 기억했다. 나는 상대를 기억하지 못하는데 말이다. 그리고 내 동생도 공부를 잘했다. 덩치가 나보다 크고 인물도 좋아서 우리 형제는 동네에서는 좀 유명했다. 공부를 잘한 것은 집안일에도 도움이 됐다. 큰형님이 언문은 깨쳤지만 아무래도 산수는 좀 약했다. 그래서 비료를 풀 때 논 몇 평에 비료를 얼마나 풀면 되는지 이런 건 내가 다 계산했다.

초등학교 선생님 한 분도 기억난다. 나이가 무척 많으신 분이었는데 산수를 가르치는 데 실력이 우리보다 못했다. 칠판 앞에서 선생님이 끙끙거리며 문제를 못 풀어서 내가 풀어준 적도 있다. 6학년 때 선생님이고, '두꺼비'라는 별명으로 불린 것 같은데 창피했는지 얼굴이 몹시 발개졌던 것으로 기억한다. 6·25전쟁 무렵이었으니 사실 당시 선생님들이 어떤 자격으로 교편을 잡았는지도 모를 일이다.

배곯았던 포항중 유학시절

처녀 시절 아내(왼쪽)의 모습.

초등학교를 마칠 무렵, 중학교 진학 문제가 다가왔다. 등록금은 일단 제쳐놓고, 공부를 잘했던 만큼 일대에서 최고 명문인 포항중학교(당시는 영일군 포항이었다)로 가 입학시험을 쳤다. 360명을 뽑았는데 우리 우각에서는 나와 두 살 밑의 이장섭, 이렇게 둘만 시험을 치러 갔다. 신광면 전체,

그러니까 신광초등학교에서는 여러 명이 응시했다. 결과는 내가 차석으로 합격한 반면, 장섭이는 떨어졌다. 차석인 것은 입학식날 방으로 써놓아서 알았다. 다행인 것은 장섭이가 시험은 떨어졌지만, 보궐(추가합격)로 함께 입학했다는 사실이다. 당시에는 합격을 하고도 집안사정상 입학금을 내지 못해 진학을 포기하는 경우가 꽤 있었고, 이후 추가로 합격통지를 받곤 했던 것으로 안다. 보궐을 포함해 포항중학교의 내 동기는 모두 370명이었다. 6·25전쟁 때인 1952년의 일이다.

사실 입에 풀칠하기도 바쁜 빈농집안으로, 다른 형제는 초등학교도 안 보내는데 중학교교육까지 시키는 것은 사치에 가까운 일이었다. 내가 공부를 워낙 잘한 까닭에 특혜를 봤다고 할 수 있다. 당시는 아버지도 살아계셔서 어렵게 입학금과 월사금을 장만해 학교에 내고, 포항중학교 근처에 자취방까지 얻었다. 하숙이 아니라, 방 한 칸 외에는 모든 것을 알아서 해결해야 하는 자취생활이 시작된 것이다. 월사금을 내기도 어려운 형편이니 이것도 호사였다고 할 수 있다.

이렇게 어린 나이에 집을 떠나 포항에서 유학했는데, 돈이 없으니 배를 참 많이 곯았다. 그래도 집안에서 유일하게 중학교에 다니고 있으니 힘든 것을 내색할 수도 없었다. 자취비용을 줄이기 위해 이사도 6번이나 했다. 보통은 방 하나를 3명이서 썼고, 두 번인가는 둘이 썼는데 후자는 아주 호강인 경우였다.

　집은 일주일에 한 번씩 다녀갔다. 빨리 걸어도 2시간이나 걸리는 먼 길이었다. 피곤해서 다녀오기 싫어도 어쩔 수 없었다. 돈이 한 푼도 없으니 집에 가서 먹을 것을 가져와야 일주일을 살 수 있었던 것이다. 둘러오면 40리나 되는 먼 길이었지만 강원도로 가는 기찻길에 굴을 뚫어놓은 곳이 있어서 이쪽을 이용하면 부지런히 걸어 2시간이면 집에 당도할 수 있었다.

　금요일이나 토요일에 우각동 집으로 가 일요일날 일찌감치 보따리를 매고 집을 나섰다. 보리쌀 두 되에 장아찌 같은 밑반찬이 있으면 그걸 가지고 다시 포항으로 왔다. 나의 일주일 식량이었다. 가끔은 나무땔감도 지고 왔다. 나무를 때서 밥을 해먹던 시절이었는데 포항에서 구하려면 힘든 경우가 있었기 때문이다. 이 길을 1학년 때는 혼자 다녔고, 2학년 때는 우각동의 집안아이가 후배로 들어와 함께 다녔다. 항렬은 같고, 나이는 4살밑이지만 내가 학교를 늦게 들어간 까닭에 1년 차이였다. 이 집안동생은 좀 있는 집의 맏이였다. 그래서 부친이 아주 열심히 가르치려고 했다. 먹는 것도 나보다 좋았다. 나는 반찬이 만날 무장아찌여서 밥하고 그거만 먹었는데, 동생은 김치와 나물 등 반찬이 다양했다.

학교에서 점심은 내가 직접 도시락을 싸가지고 다니며 해결했다. 역시 꽁보리밥에 장아찌였다. 보리쌀이 떨어지거나, 피곤할 때는 도시락을 준비하지 못할 때도 많았다. 참, 보리쌀이라고 하면 지금 것을 생각하기 쉬운데 그게 아니었다. 우리는 '납작보리쌀[02]'이라고 불렀는데 미국에서 수입한 사료용 보리쌀이었다. 그걸 쌀집에서 팔았는데 보리쌀 한 되를 주면 이 납작보리쌀 두 되를 줬다. 집에서 보리쌀

---

[02] 가공하여 납작하게 누른 보리쌀. 원래는 태평양전쟁 말기 제국주의 일본이 조선에 쌀 배급을 못하자 보리로 대신했는데, 이때 누른 보리쌀인 납작보리쌀을 사용했다. 기름을 짜낸 보리쌀로 밥을 해도 맛이 없었다.

을 가져와, 양을 늘리기 위해 다시 쌀집에서 납작보리쌀로 교환해 밥을 해먹은 것이다. 이게 우리 보리쌀과는 달라서 한 번 삶은 후에 밥을 해야했다. 그러니 시간이 없을 땐 영 고역이었다. 밥을 해도 끈기가 없어서 훅 불면 날아갈 듯했다. 초등학교 때는 아무리 없는 집이라고 해도 나물이나마 배불리 먹었지만 중학교 때는 정말 배가 많이 고팠다. 어려서는 작은 편이 아니었는데 한창 클 나이, 이렇게 못 먹어서 키가 안 컸던 것 같다.

대통령 이명박과 동창

내가 다닐 때 포항중학교에서 신광 출신 학생들이 이름을 날렸다. 동기 중에 임창수라고 있는데 공부도 곧잘 하고, 신체가 좋아서 대대장을 맡았다. 나보다 한 해 선배도 대대장을 하는 등 전통적으로 신광 출신이 대대장을 다 한다는 얘기가 돌았다.

노상 배가 고프고, 돈이 없어 힘들었지만 나는 공부를 잘했다. 반에서는 계속 1등을 했고, 전교등수로는 2~3등을 오갔다. 심창생이라고 줄곧 1등을 도맡아 하는 친구가 있었고, 내가 그 친구를 제친 것은 딱 한 번뿐이었다. 내가 1등을 했을 때, 그 친구에게 왜 점수가 나쁘냐고 물으니

"엄마가 아팠다"는 답을 들었다.

공부는 좀 독하게 했던 것 같다. 바닷가인 포항은 모기가 유명하다. 보통 파리 만하다. 이 놈들이 워낙 악명이 높아서 집에서는 공부를 못할 정도였다. 그냥 손을 들어 흔들면 날아다니는 모기가 치일 정도였다. 그래서 공부는 집 밖에서 했다. 전기도 없는 시절, 밤에 영어단어 10개를 적은 후 성냥통을 들고 나와서, 성냥 하나가 다 타들어갈 때까지 단어 2개씩 외우곤 했다. 낮에 뒷산에 나무하러 갈 때도 영어단어를 외웠다. 보통 학교에 다녀오면 바로 뒷산에 나무를 하러 갔다. 그래야 밥을 해 먹을 수 있기 때문이었다.

지금이야 중학생, 아니 초등학생도 남녀가 쉽게 어울리는 세상이지만 당시 나는 '연애'는 상상도 못했다. 물론 지역명문 포항여중이 있었고, 일부 연애하는 아이들도 있었다. 하지만 내 경우는 일단 배가 고프니 그런 감정을 즐길 여유가 없었고, 없는 돈을 마련해 공부하러 타지에 나온 빈농의 자식이었으니 연애는 양심의 가책이기도 했다. 그런데 정말이지 딱 한 번 연애까지는 아니어도 그와 비슷한 감정을 느낀 적이 있다. 그것도 여학생 쪽에서 먼저 다가오는 방식으로 말이다.

중학교 3학년 때 포항의 동빈로 근처로 자취집을 옮겼다. 조금 큰 방을 구해 3명이 함께 썼는데 마침 주인집 딸이 포항여중 3학년이었다. 얼굴은 생각도 나지 않지만 남녀가 마주치기만 해도 얼굴이 붉어질 나이였으니 서로의 존재는 의식했으리라. 당시는 상수도 시설이 드물었는데 그 집은 마침 바로 앞에 공동수도가 있었다. 우물이나 개울에서 물을 길어 쓰던 사람들이 수도를 접했으니 그 주위가 얼마나 복잡했는지 모른다. 학교에 다녀온 후 밥을 하기 위해 물을 받으려고 하면 이미 물양동이가 길게 줄을 서고 있었다. 보통 한참 뒤에 우리 양동이를 놓아야했고, 오랜 시간을 기다려야 했다. 그런데 내가 좀 공부를 잘하는 것으로 유명해서 그런지 주인집 딸아이가 나한테 관심을 보이는 눈치가 역력했다. 그런가 싶었는데 언제부터인가는 나를 찾아와 대수, 기하 같은 참고서를 빌리곤 했다. 주인집은 우리 집보다 훨씬 형편이 좋아서 그런 참고서를 구하지 못할 리가 없는데 말이다.

어쨌든 나는 참고서를 빌려줬는데, 내가 밥당번을 하는 날이면 신기하게 그 딸아이가 그걸 알고 내 물양동이를 앞쪽으로 미리 대주곤 했다. 참 고마웠는데 당시 나에게는 고맙다는 인사를 할 주변머리도 없었다. 그러던 어느 날 참고서를 돌려받았는데, 쪽지가 하나 끼어있었다. 보경사라고 인근에 관광지가 있는데, 내게 일요일 날 그리로 놀러가자는 메모였다. 나는 답을 하지 않았고, 가지도 않았다. 지금 생각하면 한 번쯤 가도 큰 문제는 없었을 것 같은데, 그 정도 여유도 없었던 같다. 이성 자체에 관심이 없었다.

참, 포항중학교의 내 동기 중에 이명박 전 대통령이 있었다. 그도 집안이 가난했던 것으로 기억하는데 공부는 보통보다 조금 나은 수준이었다. 같은 반이었던 적도 있었다. 처음에는 한 반에 60명씩 그냥 편성됐는데, 이명박은 20등 정도였다. 2학년 때부터는 우열반 편성을 했는데 전교 석차로 1~60등이 1반, 61~120등이 2반인 식이었다. 나는 1반이었고, 이명박은 3반이었다. 별다른 기억은 없는데 공부를 잘 못했어도 나중에 대통령까지 됐으니 재주가 참 좋은 듯싶다. 나처럼 성적이 뛰어나도, 집안사정으로 학업을 잇지 못한다면 어렸을 때 공부 잘한 것은 소용이 없는 일이다.

대구사범에 합격,
하지만 진학 포기

포항중학교를 전체 2등으로 졸업했다. 중학교 졸업 전에 고등학교 진학이 관심사가 됐다. 선생님들이 대구사범학교 입학시험이 특차로 있으니 거길 응시하라고 권했다. 대구사범은 박정희 전 대통령이 나온 학교로, 졸업만 하면 대학을 가지 않아도 바로 '선생질'을 할 수 있으니 집안이 어려운 내게 특별히 권한 것이다. 그래서 특차 시험을 봤고, 합격했다. 하지만 끝내 입학등록은 하지 않았다. 당시 입학금은 논 4마지기는 팔아야할 큰 액수였다. 다섯 형제 중에 혼자 중학교에 왔고, 동생은 물론 큰 형님네 조카까지 식구들이 많은데 무슨 염치로 고등학교까지 가겠는가라는 생각이 들었기 때문이다. 입학금을 해달라고 부탁하고, 그렇게 해서 학교를 다니면 동네사람들한테 손가락질을 받을 것 같았다.

당시로서는 어쩔 수 없는, 양심에 따른 결정이었지만 지금 와서 보면 후회스럽기도 하다(부질없지만 말이다). 그때도 동네 젊은 사람들은 "아재 와 그 카노? 그 좋은 학교 합격했는데 왜 안 가노?"라고 많이들 아쉬워했다. 그렇다. 만약 대구사범학교에 등록을 하고 다녔다면 내 인생은 확실히 달라졌을지도 모른다. 하지만 논이 평당 200~300원 할 때 몇 만 원이나 되는 돈을 어떻게 마련하겠는가? 논을 팔기도 힘들고, 그렇다고 빈농이 돈을 무리해서 빌릴 여력도 없었다. 여기에 중학교 2학년 때 아버지까지 돌아가신 까닭에 집안에 누를 끼치고 싶지는 않았다. 아버지만 살아계셨어도….

당시 포항중학교를 나오면, 특차로 대구사범에 가지 않더라도 포항의 양대 명문인 포항고나 동지고에 진학하는 것이 일반적이었다(혹은 수산고등학교). 내 경우는 대구사범에 붙을 정도로 성적이 좋았기에 포항고나 동지고 입학시험은 문제도 되지 않았다. 하지만 어차피 진학하지 않을 터였기에 나는 두 학교의 입학시험에 응시하지 않았다. 여러 선생님과 교장선생님까지 나서서 꼭 진학하라고 나를 설득했지만 방법이 없었다.

어떻게 보면 참 어깨에 힘이 빠진, 슬픈 졸업이었다. 동네사람들 모두 내가 포항중학교를 우수한 성적으로 졸업하고도 진학하지 못하고 집으로 돌아오자 안타깝게 생각했다. 하지만 별 수가 없었다. 집에 와서 농사일을 하는 수밖에. 당시 신광면의 면장이 일가였는데 이름이 나와 같은 이석철이었다. 이 분이 내 얘기를 듣고 어떻게라도 돕고 싶었는지, 농촌지도소라는 곳에 얘기해서 거기서 일을 좀 하도록 배려했다. 중학교밖에 안 나왔으니 정식직원이 아니고, 지금으로 치면 아르바이트 같은 셈이었다. 한나절 근무하면 월급이 조금 나오는 방식이었는데 한 2년 정도 후에 그만두었다.

당시(1955년) 집에는 어머니와 큰형님 내외, 여기에 딸린 조카 5명(딸4, 아들1)과 내 동생이 살고 있었다. 내가 집으로 돌아가니 꼭 10명이 됐다. 둘째형님과 셋째형님은 장가를 가 분가를 한 상태였다. 아버님은 앞서 중학교 2학년 때 돌아가셨다. 음력으로 1953년 10월 23일이었다. 집에 가 있는데 아버님이 위독해지셨다. 1888년생이니 우리 나이로 66세였고, 이는 당시로는 중늙은이였다. 일찍 돌아가셨다고 할 수도 없는 나이였다. 아버님은 금방이라도 숨이 넘어갈 듯 병마와 마지막 사투를 벌였고, 나는 급히 10분 거리의 윗동네로 분가했던 둘째형님을 모시러 다녀오기도 했다. 평생 소처럼 일만 하셨던 아버님은 마침내 눈을 감았고, 나도 임종을 지켜봤다.

어머님은 한참 뒤인 1968년에 돌아가셨다. 우리 나이 69살이었고, 당시는 내가 대구로 나와 있었기에 병원치료 등 해드릴 수 있는 건 다 해드렸다. 몸상태가 나빠지면서 대구 우리집으로 모셔와 내가 모시면서 병원치료를 했다. 파티마병원에 다녔는데 대장암 말기로 이미 손을 쓸 시기를 놓친 상태였다. 의사는 "집으로 가서, 원하는 대로 해드리세요. 고통이 적도록 진통제를 주겠습니다"라고 했다.

사람도 70년쯤 살면 자신의 명을 직감하는 듯하다. 어머니는 내 대구집에서 한 달쯤 계셨는데, 다시 우각동으로 가고 싶다고 했다. 그래서 모셔다 드렸고 나는 열흘에 한 번꼴로 어머니를 찾아갔다. 세 번째 우각동으로 갔을 때는 윤칠월로 사람들이 한창 여름농사일에 바쁜 시기였는데, 이때 어머니가 돌아가셨다. 알고 보니 어머니는 우각동에 내려가자마자 스스로 곡기를 끊으셨다. 심지어 물까지 입에 대지 않으며 한 달 동안 아무것도 안 먹다가 딱 한 달 만에 돌아가신 것이다. 한 끼만 걸러도 배가 주린 법인데 사람의 명이 이렇게 질긴 것이다. 암의 고통은 이루 표현하기 어려울 정도라고 한다. 극심한 고통에 시달리던 어머니는 결심을 하시고 우각동으로 내려갔고, 스스로 삶을 마감한 것이다. 조선시대 선사들처럼 말이다.

내가 겪은 6·25전쟁

중학교 졸업 후의 삶을 회고하기에 앞서 하나 더, 지난 얘기를 해야겠다. 바로 6·25전쟁 때의 일이다. 북한은 1950년 6월 25일 일요일 새벽에 남침을 감행했다. 나는 초등학교 5학년이었고, 이 시기는 농사철로 바쁠 때였다. 새벽 5시쯤 일어나 집앞 거랑(시냇가)으로 나갔는데 군인들(국방군)이 줄지어 동네 한복판을 지나 북쪽으로 이동했다. 이 모습을 보고 전쟁이 난 줄 알았다.

우리집은 며칠 있다가 피난을 갔다. 북한군이 빠르게 남하했기 때문이다. 안강 효명동으로 가서 며칠 있었고, 다시 영천 화산으로 이동했다. 여기서 사람들이 많이 죽었다.

사방에 폭탄이 터지고, 밤이고 낮이고 총소리가 끊이질 않았다. 길에는 영 시체들뿐이었다. 정말 참혹했다. 언제 어떻게 비명횡사할지 모를 지경이었다. 결국 피난을 포기하고 집으로 돌아왔다. 어른들이 집에서 죽는 편이 낫겠다고 판단한 것이다.

처갓집으로 피난을 갔던 큰형님은 나이가 많아 징집을 면했지만, 일제강점기 일본으로 노역을 갔던 둘째형님과 셋째형님은 이번에도 군대로 끌려갔다. 제주도로 가 훈련을 받고 전쟁터로 나갔는데 이 제주도 군번은 학도병을 빼면 전쟁발발 직후 첫 징집이었다.

우리 가족이 우각동으로 돌아오니 인민군 세상이었다. 아버지가 귀가 좀 어두워 밤에 돌아왔는데, 밤새 펑펑 대포소리가 났다. 피난가고 비어있던 우리 앞집을 인민군이 숙소로 쓰고 있었다. 군복을 보니 전부 장교들이었다. 며칠이 지나면서 나이가 어렸던 나는 인민군들과 놀기도 했다. 참 묘한 것이 그해 나락이 좋았다. 농사가 아주 잘 된 것이다. 입에 풀칠하기도 바쁜 시절, 그렇게 많은 사람이 죽어

나갈 때 풍년이 든 것은 무슨 조화인가? 일꾼들이 돌보지도 않았는데 농사가 저절로 잘 된 것이다.

포격이 심해 우리 가족은 처음엔 집에 땅굴을 파고 살았다. 그런데 동네사람 대부분이 소태구리라고 깊은 골로 들어가 거기서 굴을 파고 지냈다. 인민군들이 마을에 진을 치고 있으니 미군의 폭격으로 언제 어떻게 될지 몰라서였다. 이에 우리 가족도 그리 가서 굴을 파고 살았다. 집에 소가 한 마리 있었는데 집의 큰 자산이었던 이 소를 감추느라 애를 먹었다. 정말이지 많은 소가 전쟁 통에 잡아먹혔기 때문이다. 다행히 우리 소는 무사히 감출 수 있었다. 그렇게 2~3달을 소태구리에서 굴생활을 했는데 마침내 인민군이 쫓겨갔다. 도망이 늦었던 인민군 하나가 굴까지 찾아와 "살려주소, 숨겨달라"고 빌기도 했다. 얼마 전까지만 해도 위세가 등등한 사람이었는데 말이다. 마을에 천호어른이라고 계셨는데 인민군들이 못된 짓을 한 것에 분개해 "요 노무 자식!"이라고 호통을 치며 국군에게 넘겼다.

전체적으로 우각동은 격전지 포항 근처였음에도 불

구하고 피해가 크지 않았다. 다른 곳에 비해 사람도 많이 안 죽었고, 전답이나 가옥 피해도 적었다. 동네 뒤에 큰 과수원이 있는데 인민군이 기름탱크를 불태워 과수원 주인이 큰 손해를 봤던 것이 기억난다.

진짜 전쟁터는 과수원 너머 뒷동네인 산복만리였다. 거기서 정말이지 많은 전투가 있었다. 나도 전쟁 후 그쪽으로 포탄을 주우러 많이 댕겼다. 처음 갔을 땐 정말 포탄이 많았다. 그걸 주워 고철로 팔면 쏠쏠한 용돈벌이가 됐다. 포탄을 줍다가 심심치 않게 사람의 뼈도 발견됐다. 산복만리는 밤이 되면 인민군이 포항 쪽으로 공격해나가고, 낮에는 포항에서 아군이 들이닥치는 식으로 치열한 교전이 벌어졌다.

나는 나이가 어렸던 까닭에 전투 현장에는 끌려가지 않았다. 그래서 죽은 사람은 숱하게 봤어도 실제로 사람이 죽어나가는 끔찍한 장면은 피할 수 있었다. 그저 동네에서 인민군과 놀고, 그들이 시키면 심부름이나 마지못해 하는 정도였다. 사실 내 또래도 전투는 아니지만 노역에는 많이 끌려나갔다. 전쟁도 밥을 먹어야 하는 법. 인민군은 열일곱 살부터는 산복만리까지 밥을 지고 다니라고 지시했다. 나는 열네 살(1937년생 소띠)이었으니 다행히 전쟁터로 갈 일이 없었다. 나보다 2살 많은 을해년 돼지띠(1935년생)들부터 그렇게 끌려다녔다.

나이를 확인할 수단이 없자 인민군들은 띠로 아이들을 시험하기도 했다. 우리쪽(경상도) 사투리를 흉내 내 "닭띠(1933년생)고?"라고 아이들에게 물었다. 당시만 해도 학교를 다니지 않은 이들이 많았기에 어수룩한 이는 자기 띠만 알지 나머지는 잘 몰랐다. 개띠(1934년생)였던 한 동네 사람은 노역을 피하려면 더 적은 나이로 대야하는데, 이 질문을 받고 닭띠가 더 적은 줄 알고 그렇다고 답해 바로 노역으로 끌려갔다. 밥을 지고 전투현장으로 가는 것은 정말 위험한 일이었다. 전쟁통에는 이렇게 사람의 운명이 장난치듯 휙휙 바뀌어버렸다.

어쨌든 '어린' 나는 위험한 곳은 피했고 낮에 인민군들과 어울렸다. 애들은 괜찮았다. 그들의 세상이었기에 그들과 놀면 먹을거리가 많았다. 그들은 마음대로 소나 개를 잡아먹었다. 자기들이 군에서 쓰던 무슨 구호 같은 걸 외우라고 시켜서, 잘 하면 상으로 뭔가를 주고 그랬다. 하지만 어른들은 달랐다. 나보다 두세 살 많은 이들부터는 눈에 띄면 노역을 당하기 십상이었다. 밥때가 되면 밥 지으라고 시키고, 개 잡고, 술 만들 때도 눈에 띄면 영락없이 일을 해야했다. 그래서 아이들을 빼면 인민군의 눈에 띄지 않으려고 무척 애를 썼다.

어쨌든 우각동의 전쟁은 9월 인천상륙작전을 기점으로 인민군이 썰물 빠지듯 물러가면서 끝이 났다. 전쟁은 계속됐지만 전선이 북쪽으로 옮겨가면서 더 이상의 전투는 없었다. 대신 좌경으로 물들었다 뭐다 해서 동네사람 몇이 붙들려가 죽은 일은 있었다. 빨갱이라고. 나는 농사일하고, 포탄을 줍고, 학교를 다니고 그렇게 하면서 전쟁통을 살았다. 전쟁은 내 삶에서 짧지만, 정말이지 잊을 수 없는 끔찍한 경험이었다.

소처럼 일하다 결혼을 하다

다시 1955년이다. 중학교를 졸업하고 우각동으로 돌아온 나는 19살이었다. 농촌지도소를 잠깐 다니기는 했지만 무엇보다 내 본업은 농사였다. 한창 힘을 쓸 나이. 정말이지 일을 많이 했다. 하루하루가 농사일로 힘들었지만 지금도 기억이 나는 날이 있다. 10월이었는데 그때는 무척 추웠다. 아버지가 돌아가시면서 큰형님이 내게는 아버지나 한가지였다. 우리 논 중에 피박골에 위치한 게 하나 있었다. 물이 많아 논에 발을 디디면 푹푹 빠지는 그런 험한 논이었다. 논이 세 마지기였는데 큰형님이 혼자 가서 나락을 베고 오라고 했다. 지방마다 다르지만 논은 한 마지기가 못해도 200평이다. 세 마지기면 600평이 넘는다. 그것도 한걸음 한

1960년 내 결혼사진이다.

걸음을 옮기는 것이 쉽지 않은 논이었다.

사정을 알았기에 새벽 일찍 혼자 논으로 나갔다. 논을 내려다보고 식겁했다. 어차피 할 일이면 한 번 해보자고 생각하고, 쉬지 않고 일을 했다. 허리가 끊어지는 것 같았고 다리는 부들부들 떨렸다. 조심한다고 했지만 논둑에 나락을 옮기면서 다리가 짚에 스쳤고, 이게 반복되다 보니 피부가 벌겋게 부어올랐다. 그렇게 세 마지기의 나락을 다 베고, 뒤처리를 하고 집에 오니 밤 10시였다. 원체 힘든 일을 마다하지 않는 스타일이지만 이날은 정말 힘에 겨웠다. 집에 오자마자 쓰러졌으니 말이다. 요새는 이런 일을 다 기계로 하니 거져다. 지금 생각해도 그날은 유난히 추웠다.

　　장가는 늦게 갔다. 한창 일할 나이에 어머니와 큰형님 내외 등 많은 가족을 모시고 농사일을 하다 보니 여유가 없었다. 보통 우각의 내 또래는 20~22살에 장가를 갔는데, 나는 24살이 돼서야 배필을 맞았다. 우각동에 중신애비 아주머니가 계셨는데, 어느 날 집으로 사진을 하나 가져왔다. 우각동에서 20리쯤 떨어진 기계면이었는데 우각사람이 그쪽으로 시집을 가 살고 있었고, 그 사람 소개로 참한 처자를 소개한다는 것이었다. 나이가 든 나는 집에서 하라고 하면 하겠다고 했고, 어매도 기다렸다는 듯 '하라'고 시켰다.

　　이렇게 1960년에 장가를 갔다. 아내(1941년생 최순자)는 결혼식날 처음 실물을 봤다. 그때는 그랬다. 조선시대 결혼과 다를 게 없었다. 처가에 가서 혼례를 치르는데 처가가 먹고 살 게 없으면 3일 정도 있다가 남자집으로 데려 가고, 그래도 먹을 게 있는 집이라면 1년 있다가 데려오는 게 풍습이었다. 혼례를 치르고 1년 만에 아내를 집으로 데리고 오면, 그날이 남자집의 잔칫날이 된다. 나는 후자 쪽이었다. 같은 시골이지만 아내집이 그래도 먹고살 만했던 것이다.

혼례를 치른 후 1년이 지난 1961년 아내를 우각동으로 데려오면서 살림을 내 분가했다. 그리고 그해 섣달 초사흘에 맏이가 태어났다. 해산하러 아내가 친정으로 갔는데, 그날 처갓집 하인이 달려와 "생남하셨다"는 소식을 알렸다. 그해 겨울은 기록적으로 추웠다. 그래서일까, 아이는 폐렴으로 얼마 살지 못하고 죽었다. 아마도 방이 추워 갓난아이가 감기에 걸렸고, 그게 폐렴으로 도졌을 터이다. 이런 것도 그때는 종종 있는 일이었다. 감기 한 번 잘못 걸리면 사람목숨이 훅훅 날아갔다. 아내와 나 모두 첫 아이를 잃은 상심이 컸다.

2년 정도가 지난 후인 1963년 8월 17일에 큰딸인 위숙이를 얻었다. 아내와 딸아이를 굶길 수 없으니 일벌레였던 나는 더욱 열심히 일을 했다. 당시 농사일이라는 것이 죽도록 일을 해도 돈을 모으기는커녕 간신히 먹고 사는 수

준이었지만 말이다. 그러다 1965년 군에 입대했다. 우리 나이로 29살 때였다.

29살에 시작한
군생활은 인생의 휴가

서른이 다 돼 군에 간 것은 앞서 설명했듯이 개명을 하면서 호적에 1944년생으로 올렸기 때문이다. 법적으로는 22살에 징집영장을 받았으니 당연한 절차였다. 도리가 없었다. 5월 대구훈련소로 갔는데, 나이가 있다 보니 다들 "영감"이라고 불렀다. 참 공교로운 것은 이렇게 나이가 많아 군에 가면 고생한다고들 생각하는데, 나는 인생에서 어쩌면 이 군 시기가 가장 편하지 않았나 싶다. 물론 집과 가족을 떠나있는 것이야 서운하지만, 타의에 의해 그 고된 농사일에서 벗어날 수 있었기 때문이다. 당시는 군대도 먹을 게 없어 배고프기는 마찬가지였지만, 그래도 어느 정도는 배급을 줬다. 또 농삿일에 비하면 군대일은 훨씬 쉬운 편이었다.

내가 군대에 갔을 때 아내(맨 오른쪽 위)가 큰딸 위숙(그 아래)을 데리고 친정에 놀러가 찍은 사진. 왼쪽 어른 두 분이 장인어른과 장모님이다.

대구훈련소에서 기초 군사훈련을 받고 영천부관학교로 옮겼다. 병과에 따라 여러 학교가 있는데, 영천부관학교는 행정병을 교육시키는 곳이었다. 중학교밖에 못 나온 내가 행정병으로 분류된 데는 '이력서' 때문이었다. 이력서 써낼 때 중졸이 아니라 고졸로 적었던 것이다. 그때는 이런 게 통했다. 당시 고졸은 지금의 대학졸업보다 더 높은 학력이었다. 나름 공부를 잘했기에 중졸이었지만 고졸로 적어도 웬만한 행정은 처리할 자신이 있었기에 그렇게 한 것이다. 이력서도 있어 보이게 한자를 많이 섞어 썼다. 어쨌든 행정요원으로 분류돼 영천부관학교에서 석 달을 교육받았고, 이 사이 집에도 몇 번 다녀갔다.

자대는 먼 곳으로 떨어졌다. 경기도 파주군 연천면의 탱크부대였다. 훗날 큰아들 도경[03]이 군입대해 면회를 가보니 내가 근무했던 지역이었다(아들은 포대). 묘한 우연의 일치였다. '6탱크'로 불리는 부대였는데 서무계로 나를 포함해 9명이 배치됐다. 본부중대, 1,2,3중대, 교육계, 일종계, 그리고 인사과 3명으로 각각 나눠졌는데, 나는 본부중대였다. 나도 행정병이고, 동기들이 주요 행정업무에 쫙 배치된 까닭에 휴가를 며칠 당기고 늦추고는 마음먹기 나름이었다. 일종계는 담배와 같은 보급품을 다뤘는데, 나중에 이 담당자가 탈영을 해서 내가 1년 정도 일종계도 함께 맡았다. 그래서 쌀을 배급하고, 담배도 좀 팔아먹었다. 사병들의 외출도 마음이 내키면 할 수 있었다. 20명이 외출 나갈 때 한 30명으로 적으면 그만이었다. 평생을 원리 원칙대로 산 사

---

03 나는 두 아들의 이름(도경, 도화)에 돌림자(원)를 쓰지 않았다. 특별한 이유는 없고, 작명소에서 지었다.

람인데 군생활만큼은 요령도 좀 피웠고, 나름 즐겁지 않았나 생각한다. 제대할 때 야전잠바를 몇 개 가지고 나와 유용하게 써 먹기도 했다. '사지'라고 미군에서 나온 노란 천으로 만든 옷인데 제법 튼실했다. 이렇게 29개월을 만기로 군생활을 했다. 3번인가 파주에서 고향으로 휴가를 나왔고, 한 번은 영천에서 재훈련을 받을 때 집에 들른 적도 있다.

원체 고된 삶이었던 까닭에 역설적으로 군생활은 내게 휴가 같은 것이었다. 군대도 영 먹는 게 시원치 않았던 시절이지만 식당 자체를 본부중대 병사들이 운영하니 계급이 높아지면서 배불리 먹을 수 있었다. 취사병들이 행정병인 나를 괄시하지 못했기 때문이다.

참, 오경수라고 식당에 배치됐던 사람은 세월이 많이 지났지만 아직 이름 석 자까지 기억난다. 한 번은 그의 애인이 면회를 왔다. 교통편이 여의치 않던 시절 무조건 파주군 적성면 적암리의 6탱크를 찾아나섰으니 고생이 심했을 것이다. 그러다 내가 타고 있던 군용트럭을 얻어 탔다. 탱크병들은 아주 별나다. 우리 때는 헌병도 갈구지 못할 정도였다. 그런 탱크병들이 가득 찬 트럭에 젊은 여자가 탔으니 상황 자체가 심각했다. 군인들이 재미삼아 희롱 비슷하게 끊임없이 말을 걸었다. 그런데 가만히 듣다 보니 이 아가씨가 안동사람이었다. 나와 같은 경상북도였던 것이다. 딸아이까지 있는 나는 안쓰럽다는 생각이 들어 "내가 서무계인데, 오경수는 나와 같은 6탱크부대에 있으니 내가 안내하겠소"라며 나섰다. 나이 많은 병장인 내가 이러니 상황이 정리됐다. 그리고 부대로 데리고 와서, 오경수를 만나게 해주고, 부대 밖에 방을 하나 얻어 외박까지 시켜줬다. 나중에는 내가 재훈련으로 영천에 갈 때 안동에 들려 편지를 전해주기도 했다.

전체적으로 농사일에서 벗어난 것이 좋았을 뿐이지 그래도 군대였고, 당시는 분위기가 지금보다 많이 험했던 까닭에 좋지 않았던 일도 몇 차례 있었다. 절대로 남에게 폐를 끼치지 않는 성격인 까닭에 좀처럼 갈등을 야기할 일이 없었지만 그래도 사고는 터지기 마련이다. 인사계장한테 많이 맞고, 수차례 인간적인 모욕을 당한 일이 있다. 나중에 사과를 받았지만 그 정도가 심했다.

여기에는 사연이 있다. 내가 일종계까지 맡았을 때인데 인사계한테 뒤로 쌀을 내주지 않았다. 보통 대대장, 중대장, 인사계한테 쌀을 챙겨주는데 검열을 준비한다고 한 번 넘어간 것이다. 그 앙심으로 인사계는 툭하면 내게 트집을 잡았고, 많이 때렸다. 따로 불러서 감정적으로 때리는데 참 견디기 힘들었다. 그래도 내가 묵묵히 있자 나중에는 영외거주를 하던 이 인사계가 자기집으로 나를 따로 불러 저녁을 먹이며 사과했다.

대구로 이사하다

　　이렇게 군생활을 마치고 고향 우각으로 1967년 10월 10일에 돌아왔다. 군에 가 있는 동안 어린 딸아이(위숙)와 아내는 우리집은 비워놓고, 큰형님 집 곁으로 방을 얻어 둘이 살았다. 그래야 밥이라도 굶지 않고 살 수 있었던 것이다.

　　내가 돌아오면서 우리 가족은 다른 빈집을 구해 이사를 했다. 겨울을 나면서 앞으로 어떻게 먹고살까를 고민했는데, 군생활을 하며 타지를 경험한 것이 큰 영향을 미쳤다. 파주, 서울, 대구, 영천, 안동 등을 접하면서 시야가 넓어진 것이다. 계속해서 우각에서 농사를 지으며 먹고사는

결혼초 찍은 아내의 증명사진.

것보다는 무엇을 하든 도회지로 나가는 것이 낫다는 생각이 들었다.

그런데 마침 11살밑의 처남(최상필 1948년생)이 영남대학교에 진학했다. 처가는 시골치고는 부자인 편이었다. 논이 많았고 나름 여유가 있었다. 그래서 아들을 대학교육까지 시킬 수 있었다. 또 내 둘째형님(이석희)이 대구 대명동에서 자리를 잡고 있었다. 나보다 먼저 대구로 떠났던 것이다. 이에 처갓집이 대구에 장인어른 명의로 집을 하나 사서 거기서 처남 뒷바라지를 하면서 먹고살 것을 찾아보는 것이 어떠냐고 물어왔다. 도회지로 나가고픈 내게 때맞춰 기회가 온 것이다.

그래서 1968년 4월 대구로 이사했다. 대명동 철조망 앞에 51평짜리 단독주택을 50만 원 주고 샀다. 내 삶의 2부인 대구시대가 쑥 하니 찾아온 것이다. 이사는 단출했다. 대구로 오기 전 겨울에 송아지 한 마리를 정성껏 돌봐 돈을 좀 만들었다. 1만 2,000원에 사와 3만 원 받고 팔았다. 그 돈을 쌈짓돈으로 삼았고, 쌀은 한 말도 안 되게, 그리고 값이 헐은 콩은 몇 되를 이삿짐에 식량으로 실었다. 3식구가 볼품없는 살림을 트럭에 싣고 대구로 온 것이다.

집은 처갓집 신세를 지면 그만이었지만 시골보다 험한 대도시에서 먹고 살려면 단단한 각오가 필요했다. 당시 대구의 단독주택이면 그래도 괜찮았다. 우리만 사는 것이 아니라 멀방(딸린방)에 세를 사는 사람도 있었다. 그는 브로쿠, 요즘말로 벽돌 쌓는 일을 했다. 그래서 열흘을 따라다니며 그 일을 배우기도 했다. 그러던 차에 집안 8촌형님으로부터 연락이 왔다. 석국이형님이라는 분이었는데, 미8군의 원조를 받아 화원읍 쪽 설화리의 산을 개간하는 일을 맡았다. 이 형님이 나한테 와서 "밀가루 300포대가 나오는데 이걸로 석철이 자네가 나와 함께 사람을 사서 산을 개간해 보세"라고 제안했다. 그 형님이 혼자 감당할 자신이 없었던 것이다.

형님과 나는 둘이 먼저 곡괭이를 들고 그 산으로 가 개간을 해봤다. 그리고 내가 얼마만큼의 땅을 개간하면 밀가루를 얼마나 줄지를 계산해 설화리 사람들을 모았다. 그렇지 않아도 먹고 살려면 일거리를 찾아야 했기에 열심히 했다. 나도 땅을 파고, 사람들을 관리하고, 쉴 새 없이 개간일에 매달렸다. 그러니 한 달이 안 돼 일이 끝났다. 그리고 인건비로 나눠줄 밀가루는 150포대면 충분했다. 그때 노가다 하루 일당이 500원이었는데, 나는 시가 700원 하던 밀가루 1포대를 일당으로 지급했으니 사람들이 잘 모였고, 일도 열심히 했던 것이다.

오히려 문제는 서류작업이었다. 관이 관련된 일이었던 까닭에 밀가루를 나눠주면 그 증빙자료가 필요했다. 일한 사람의 도장은 물론 그 가족들의 이름까지 다 적어내야 했다. 일한 사람들의 몫에다가 내 몫으로 7포대, 석관이형님 몫으로 7포대, 또 특별히 도움을 준 노가다십장에게 7포집을 짓는데 돈이 모자라 1,000만 원을 은행에서 대출을 받아야했다. 뒤에 설명하겠지만 신용이 좋은 편이었기에 문제가 되지는 않았다. 그래서 등기를 떼러 갔는데 우리 앞집을 2,800만 원에 사서 그 무렵 2억 원도 더 받고 판 여자와 우연히 만났다. 부동산 수완이 좋은 사람이었다.

"아저씨, 무슨 일인교?"
"집을 지을라고 하니 돈이 필요해서 등기를 떼렵니다."
"얼마나 필요하신데요?"
"한 1,000만 원 정도요."
"마침 돈이 있으니 그 정도는 내가 해드리겠습니다. 저, 아저씨는 믿어요. 은행이자만 쳐 주세요. 이자는 원금 줄 때 주셔도 되니 편한 대로 하세요."

이 여자는 바로 통장으로 돈을 부쳐줬다. 그래서 등기도 떼지 않고 돌아왔다. 다른 것은 몰라도 나를 아는 사람은 내가 실수하지 않는다는 것을 잘 알았다. 그러니 먼저 말도 꺼내지 않았는데, 돈을 빌려주는 것 아니겠는가? 물론 빌린 1,000만 원은 약속된 날짜에 이자까지 확실하게 계산해서 갚았다. 참고로 이 여자 분도 대단한 사람이었다. 나처럼 꽉 막힌 사람은 따라갈 수 없을 정도로 이재에 밝은 듯싶었다. 2억 원을 넘게 받고 집을 팔았는데, 내게 돈을 빌려준 그때쯤 봉덕동의 영천목욕탕 근방의 높은 곳에 80평짜리 옛날 한옥을 8,000만 원에 샀다고 한다. 나중에 얘기를 들으니 이게 또 크게 올라 차익을 많이 남겼다고 한다. 노력을 하지 않고 번 돈이니 크게 부러워할 일은 아니지만, 사람마다 타고난 복이 있는 거 같다. 나는 그저 열심히 일해서 돈을 모으는 재주밖에 없는 듯싶다.

이렇게 1992년에 3층짜리로 제법 큰 다세대주택을 지었는데 여기서 3년을 살다가 팔아버렸다. 1, 2층에 3가구씩 살았고, 옥탑방까지 포함하면 셋집만 7가구였다. 3층은 거의 대부분을 우리 식구들이 다 썼는데 그러다보니 마루가 엄청나게 넓었다. 여기서 1992년 11월 21일 둘째딸 경미의 약혼식을 치르기도 했다. 건축비를 충당하자니 규모에 따라 2,300만 원, 1,800만 원, 1,000만 원(옥탑)으로 나뉘 전세를 줬다. 그러다 2년째가 되면서 도지(보증금)를 올리지 않는 대신 달세로 2~3만 원씩 받았다(옥탑만 1만 원). 그런데 이게 문제였다.

집사람도 성격이 모질지가 못해서 월세를 받는 게 그렇게 힘들다는 하소연이 나오기 시작했다. 집주인이라고 없는 사람들한테 월세를 독촉하는 게 고역이었던 것이다.

"집을 팔면 안 되겠소? 달세 받는 게 집 얻으러 가는 것보다 힘듭니다."
"세 사는 사람이 많으니 이것저것 신경 쓸 일이 많아요. 당신은 장사하느라 모르겠지만."

이렇게 시간이 흐르면서 집식구가 더욱 집을 팔자고 하소연했다. 아내 말을 잘 안 듣는 편인데 어쩌다 이걸 승낙하고 말았다. 솔직히 판 후에 많이 후회했다. 내 몸과도 같은 집으로 죽을 때까지 팔지 않으려고 했는데 귀신이 씌웠던 것 같기도 하다. 마침 계기도 있었다. 3층 우리집 옆에 1,500만 원에 월세 2만 원으로 사는 세입자가 있었는데, 기

1992년 11월 21일 새로 지은 중동집에서 둘째딸 경미의 약혼식을 치렀다.

한이 안 됐는데 중동 수석교회에 관사가 지어져 그리로 이사를 간다고 했다. 그래서 기한은 안 됐지만 보증금 1,500만 원을 달라고 했다. 법적으로는 새로운 세입자가 들어오기 전까지 내줄 이유가 없었고, 정 급하면 은행에서 잠시 대출을 받으면 그만인데, 세입자가 워낙 빨리 해달라고 요청하고, 집사람은 이 참에 집을 팔자고 하니 판단이 흐려졌던 것 같다. 자기가 팔자고는 했지만 집사람도 나중에 이걸 몹시 후회했다. 몇 번이나 자기 혼자 그 집 앞으로 가 한참 동안 바라보고 오기도 했다.

큰 집을 급히 파느라 복덕방의 꾐에 넘어가 손해를 많이 봤다. 우리 아랫집은 52평이 도시계획에 몽땅 들어갔는데 그래도 평당 300만 원을 받았다. 우리집은 65평 중 5평만 도시계획에 묶였는데 겨우 평당 400만 원을 받았다. 이러니 속상했던 것이다. 중동 337-1번지. 1996년에 지금의 집으로 이사를 나왔으니 이곳은 우리 가족이 대구에서 가장 오래(22년) 산 집의 주소다. 기간도 길었지만, 이 집에서 식구 6명이 모두 모여 살았으니 그 정이 남다르다.

그 시절의 이웃들

예전 중동집, 그러니까 개축하기 전 내 집은 우리 가족뿐 아니라 많은 세입자가 거쳐갔다. 다 일일이 거론하기 힘들 정도다. 삶이 고달프니, 저마다의 사연이 있으니 남의 집 멀방에 오지 않았겠는가? 나도 집사람도, 그리고 아이들마저 성격이 모질지 못해서 세입자 식구들과 친하게 지내곤 했다. 돌이켜 생각하니 몇 사람이 떠오른다.

1986년인가 방이 하나 비었는데 한 아주머니가 들어오고 싶다며 찾아왔다. 고향을 물으니 우각이라고 해서, 집사람이 유심히 봤다고 한다. 장사를 마치고 들어오니, 집사람이 우각 여자의 이름을 알려줬는데 바로 누군지 알

1991년께로 기억한다. 대구 중동집의 마당에서 막내 도화가 키우던 개를 보고 있다. 보이지 않는 왼쪽이 우리가 살던 큰채이고, 맞은편이 셋집들이었다. 많을 때는 여기서 4가구가 살았다.

수 있었다. 완산댁의 딸이었다. 그래서 나보다 나이가 몇 살 어리고, 내 손녀뻘이 되는 집안사람이 우리집에 들어오게 됐다.

이 분은 우각에서 부잣집 딸이었다. 또 영천 부잣집으로 시집을 갔기에 잘 사는 줄 알았는데 사업이 망해 대구로 오게 됐다. 우리집에 올 무렵은 형편이 어려웠는지, 방을 혼자 구하러 다니면서 자기 혼자 쓸 것처럼 말했는데 나중에 시어머니에 아이 둘까지 데려왔다. 딸린 식구가 많으면 세를 얻지 못할까 걱정했던 것이다. 같은 고향에, 집안 사람인데 그걸 탓할 수는 없었다. 이사온 후 나중에 저간의 사정을 들어보니 '인간사 새옹지마'라는 생각이 절로 들었다. 우각동 시절 우리집은 가장 못사는 축에 들었고, 그 집은 시골에서나마 위세가 등등했는데 말이다. 고생을 했는지 내게 "살림 망해 보니 없는 사람 심정 알겠다"고 속내를 전하기도 했는데 그 진심이 느껴졌다. 또 리어카 장사를 하는 우리집이 하루에 우유를 4개씩 받아먹는 것을 보고 "아재, 이래 힘들게 벌어가 아이들 위해 우유를 4개나 받는교?"라며 놀라워했다.

이 집 식구들은 우리와 함께 2년 정도를 살다가 1988년 내 큰딸(위숙)이 결혼을 할 무렵, 현대시장 쪽으로 방을 얻어 나갔다. 물론 집안사람이니 세도 싸게 줬고, 이것저것 살면서 많이 챙겼다. 그러다 세월이 흘러 가까운 친척 아들이 장가를 갈 때 우연히 이 아주머니를 만났는데, 전보다 형편이 좀 나아 보였다. 만나자마자 나를 무척 반기면서 "아이들이 아재 닮아 모두 착실해서 다 좋은 대학 갔을 텐데, 맞지요?"라고 물어왔다. 사람 보는 눈은 다 비슷한 거 같다. 실제로 우리 아이들이 다 좋은 대학에 갔으니 말이다.

아래채에 살던 단양 우 씨라는 사람도 기억난다. 나이는 나보다 10살이 적었는데 직업이 목수였다. 아랫방 살았는데 사정이 어땠는지 마누라 없이 사내아이 둘을 데리고 살았다. 형편이 좋지 않았는지 달세로 살았다. 잘은 모르겠지만 사람이 좋고, 돈벌이도 괜찮았는데 술을 좋아하고, 돈을 모으는 데는 재주가 없는 듯했다. 어쨌든 방세도 밀리는 법이 없이 우리 식구들과 잘 냈다. 우 씨는 나름 아이들을 건사하려고 애를 쓰고 해서 이를 본 우리 집사람이 많이 손을 보탰다. 우 씨가 일을 나가 늦거나 사정이 생기면 우리 집사람이 라면도 많이 끓여줬다.

이렇게 우 씨는 우리집에서 8년이나 살았다. 우리는 방세를 잘 안 올리는 편이었는데, 1만 원 하던 방세가 1만 5,000원이 되도록 가족처럼 산 것이다. 그런데 사고는 불현듯 터졌다. 우 씨가 간경화에 걸리고 말았다. 화장실도 줄을 잡고 다닐 정도로 건강이 악화됐다. 한 집에 사는 까닭에 그 과정을 다 지켜봤고, 우리 식구들은 함께 걱정하고, 가능한 배려하려고 노력했다. 몸이 아파 돈을 벌지 못하니 방세도 못 내고, 큰 아들은 10살이 넘도록 학교도 보내지 못했다. 우 씨는 그렇게 살다가 우리집에서 죽었다. 아이들도 영특했는데 너무 안됐다. 사정이 너무 딱해서, 장례를 내가 다 처리했다. 동사무소에 사망신고를 하고, 염하고 장례를 치르고, 대구시립공원묘지에 안장했다. 아무것도 없는 사람이니 어쩔 수 없지 않은가. 여동생이 서울 살고, 부산에 형이 산다고만 들었지 연통할 방법이 없었다.

그런데 어떻게 소식을 들었는지 장례를 치르는 날 여동생이 왔다. 내게 감사하다며 밀린 방세 10만 원에, 장례 비용으로 들어간 돈 8만 원도 모두 치렀다. 인연이라는 게 묘해서 작은딸 경미가 서울대(독문과)에 들어가 기숙사생활을 할 때 그 우 씨의 여동생이 어디서 소식을 들었는지 연락이 왔다. 청량리 쪽에 집이 있는데 고3인 자기 딸을 가르쳐줄 수 없겠느냐고 말이다. 자기는 골동품 장사를 하는데 먹고살 만하고, 우리 딸이 쓸 방도 따로 있고, 입주과외비도 주겠다고 말이다. 사정상 둘째딸이 그 집으로 들어가

대구 중동집의 안채 앞에 선 안사람. 1990년 정도일 게다.

지는 않았지만, 사람이 도리를 다하며 좋은 일을 하면 하늘이 다 알아주는 게 세상이치인 듯싶다.

1989년 국무총리 저축상 수상

어렸을 때 가난했지만 공부를 잘했고, 학업은 포기했지만 이후 장사를 열심히 해서 아이들 잘 키우고, 집장만을 했다. 사실 이 정도는 내 또래 성실하게 산 사람이라면 많이들 그랬을 것이다. 시대가, 하늘이 우리 세대에게 준 업보가 아니겠는가? 그런데 내게는 나라가 인정한 자랑거리가 하나 있다. 태생적으로 남들에게 뭔가를 떠벌리는 성격이 아닌 까닭에 이렇게 기록으로 남기는 것이 무척 쑥스럽지만 이석철의 삶을 책으로 엮어낸다면 언급하지 않을 수가 없다.

염치없는 자랑에 앞서 반성인지, 변명인지 모르겠지

만 한 가지 꼭 밝혀두고 싶다. 가족들에게 이 점만큼은 아주 미안하다는 말과 함께 말이다. 나는 어려서부터 워낙 가난했기에, 그리고 수재 소리를 들었지만 돈이 없어 고등학교에 진학하지 못했기에 '돈'에 관한 한 철두철미했다. 우유처럼 건강에 도움이 되거나, 공부에 필요한 것이라면 아끼지 않았지만 조금이라도 낭비의 여지가 있다면 여지없이 일축했다. 내가 버럭 화를 내니 우리 식구들은 아예 아버지가 생각하기에 엉뚱한 곳에 돈을 쓰는 일이라면 말도 꺼내지 못했다. 나는 아주 엄하고 무서운 아버지였다. 마음에 들지 않은 일이 생기면 큰소리를 냈고, 집안은 쥐죽은 듯 조용해졌다.

이것 때문에 집사람과 우리 아이들이 참 고생이 많

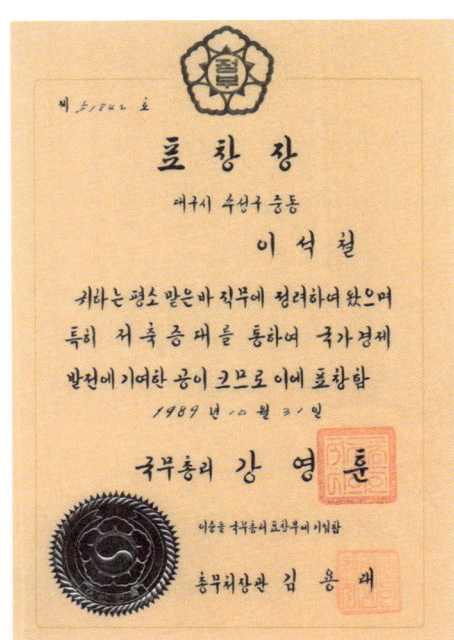

국무총리 표창장.

았을 것이다. 아이들은 그 흔한 과자나, 메이커 옷과 신발은 엄두도 못 냈다. 우리보다 형편이 어려운 집 아이들이 누리는 작은 사치도 그들에게는 언감생심이었을 것이다. 기독교신앙이 신실했던 집사람은 "교회에 돈 갖다 바친다"는 내 불호령에 수모를 당하고, 몰래 교회를 다니느라 애를 많이 먹었을 게다. 뇌출혈로 쓰려져(2014년 12월) 몸을 움직이지 못하고, 3년 넘게 병원 신세를 지다 세상을 떠났는데(2018년 4월), 속마음을 잘 표현하지 못하는 우리네 성격 탓에 미안하다는 말 한 마디를 제대로 못하고 말았다.

또 언젠가는 이제는 자기도 50을 훌쩍 넘긴 큰딸(위숙)이 진지하게 "아버지, 왜 우리한테 그렇게 무섭게 하셨어요?"라고 묻는데 대답을 못했다. 그 질문의 마음을 알기 때문이었다. 밑으로 셋은 다 대학을 보냈지만, 큰딸은 맏이라는 이유로 공부를 제법 잘 했지만 실업계 고등학교로 보냈다. 평생 그게 미안한데, 오히려 큰딸은 가까이 산다는 이유로 병상에 누운 엄마와 나이 80을 넘겨 혼자 사는 내 걱정을 가장 많이 하고, 가장 많이 챙겼다. 아내가 떠난 후 내가 독거노인이 된 후도 마찬가지다. 그렇게 속이 깊은 아이가, 자기도 두 아들을 다 키운 중년이 돼서 그렇게 물어 오는데 차마 "미안하다"는 말이 나오지 않았다. 죽지 않으려고, 살려고 평생을 독하게 일만 하다 보니 사람이 그렇게 됐다. 이렇게 변명하고 싶지만 입을 떼지 못했다.

자랑은 사실 이런 반성에서 시작한다. 나는 새벽에 물건을 떼러 나갈 때 일정액의 종자돈(밑천)을 들고 나간다. 그걸로 물건을 사서 종일 리어카를 끌고 다니며 판다. 집에 돌아와 돈을 세어 원금을 제하면 그게 그날 번 돈이다. 아주 간단한 이치다. 그리고 번 돈은 내가 직접 관리했다. 집사람이 필요하다고 얘기하면 딱 그만큼만 줬다. 나머지는 죄 다음날 마을금고에 저금했다. 하루도 거르지 않고 이렇게 사니 돈이 모였다. 한 통장에 넣을 수 있는 돈의 한계가 있어 통장 숫자가 10개가 넘었다. 저축도 지독하게 한 것이다.

1989년 어느 날 나이가 좀 들어 보이는 동사무소 직원이 찾아왔다. 마을금고에 가서 조사해 보니 이석철 씨 앞으로 통장이 13개나 있고, 액수도 제법 크다고 말이다. 나중에 알고 보니 마을금고 직원이 저축의 날을 맞아 동사무소 직원에게 나를 추천했다고 한다. 정확히는 모르겠지만 1992년 집을 새로 지을 때 통장을 보니 6,000만 원 정도가 있었다. 아이 둘을 서울로 대학을 보내며 돈을 쓴다고 썼는데도 이 정도이니 독하게 돈을 모은 것은 확실하다.

'동사무소가 이런 것에도 관심을 갖나' 하고 말았는데, 1989년 10월 31일을 며칠 앞두고 동사무소 직원이 대구시민회관으로 상을 타러 가야한다고 알려왔다. 솔직히 저축과 관련된 상이라고는 짐작했어도 정확히 무슨 상인지를 몰랐다. 가서 보니 매년 저축의 날을 기념해 표창을 하는데 내가 국무총리상 수상자로 선정된 것이었다. 초등학교 졸업식 이후에는 상 같은 건 받아 본 적이 없는데 예상치도 않은 큰 무대에서 얼떨결에 상을 받았다. 상장에 시계 2개를 부상으로 받았다.

참고로 마을금고가 1년에 한 번 VIP고객 회의를 하는데 돈이 아주 많은 사람들이 참석한다고 했다. 그런데 리어카를 끄는 나도 한 번 나오라고 해서 참석한 적이 있다.

물론 내가 갈 자리가 아닌 듯싶어 이후에는 안 갔지만 말이다.

국무총리상을 받은 장면이 TV와 신문에 나왔다. 상을 받은 다음날 새벽 칠성시장으로 나갔더니, 몇몇 사람들이 "저 영감 TV에 나왔다"며 축하해줬다. 며칠 후 기자가 자세한 스토리를 취재하기 위해 집으로 찾아왔다. 당시 기자는 내 얘기를 듣더니, "꼭 책을 하나 내세요"라고 권했다. 리어카를 끌어서 이렇게 많은 돈을 모으고, 자식들을 잘 키웠다면 이건 사람들에게 널리 알리고, 자손들에게 기록으로 남겨야 한다고.

그러고 보면 나는 참 융통성이 없다. 열심히 사는 것, 그것도 한 가지 방식으로 열심히 하는 것만 안다. 그러니 그때 책을 내라는 얘기는 귀담아듣지 않았다. 팔순을 앞두고 자식들의 권유로 마지못해 책을 냈으니 이것도 묘한 인연이다.

재테크도 그렇다. 1980~1990년대는 돈이 있는 대로 집을 사놓으면 큰돈을 벌었다. 시장에서 사람들을 만나고, 종일 돌아다니면 장사를 하니 귀가 있는 나도 그런 세태를 당연히 접했다. 하지만 돈을 모으는 것만 알고, 제대로 투자하고 키우는 데는 젬병이었던 것이다. 세월이 지나고 보니 이건 잘했다고 할 수가 없다. 그저 몇 푼씩 버는 것만 생각했으니 생각이 짧았던 것이다. 일가의 누군가가 "아재, 그때 그 돈으로 집 같은 걸 샀으면 아마 재벌이 됐을 겁니다"라고 농 삼아 말했는데 왜 아니겠는가, 맞는 말이다. 다른 곳에 머리를 쓸 줄 몰랐다.

물론 몇 번은 모은 돈으로 집을 사려고 다니기도 하고 그랬다. 한 3,000만 원쯤 은행에 돈이 모였을 때였다. 당시 이 액수면 대구에서 대출을 받지 않아도 목 좋은 곳에 집 하나는 충분히 살 수 있었다. 지금은 땅값이 크게 오른 대륜고 뒤 복덕방에서는 구체적으로 얘기가 진전되기도 했으나 장사하면서 시간도 없고, 끝내 마음이 내키지 않아 관뒀다. 아마 그때 샀으면 제법 돈을 벌었을 것이다.

고맙고, 또 고마운
큰딸 위숙

　　내 인생에서 자녀얘기는 빼놓을 수 없다. 잔정이 없고, 무섭기만 한 아버지였는데 자식들이 모두 훌륭히 커줬다. 표현은 하지 않지만 몹시 고맙고, 자랑스럽게 생각한다.

　　앞서 언급한 큰딸 위숙은 유일하게 우각동에서 태어났다. 첫 아들을 폐렴으로 잃은 후 내가 군대에 가기 전 낳았으니 실제로는 맏이다. 여자이고, 둘째(장남)와 5년 터울이 나니 동생들을 돌보는 등 집안일도 참 많이 했다. 맏이가 고생을 하는 법이지만 위숙이는 그 정도가 심했으리라. 가만히 보면 큰딸은 살림밑천이라는 얘기, 어찌 보면 맞지만 어찌 보면 당사자에게는 고약하다.

1988년에 있었던 큰딸 위숙의 결혼식 사진.

그리고 위숙이는 어려운 집안사정으로 딱한 일을 겪기도 했다. 내가 군대에 간 사이 안사람은 어린 위숙이를 데리고, 큰형님댁에 얹혀살았다. 굶어 죽을 수는 없으니 도리가 없었다. 나이가 많은 시어머니보다도, 큰형수한테 시집살이를 살았던 것이다. 이때 위숙이가 귀가 아파 울고, 귀에서 물이 나오는 등 많이 아팠다. 얼른 병원으로 데려가 제대로 치료를 했으면 문제가 없었을 것이다. 그런데 아무래도 눈칫밥을 먹어야 하는 형편이었기에 제대로 병원치료를 못했고, 위숙이는 청력에 손상을 입었다. 이 얘기를 듣고 몹시 속상했다. 그렇지 않아도 내가 돈이 없어 고등학교도 포기했는데, 가난 때문에 멀쩡했던 아이가 귀를 다쳤으니 그 심정이 어떠했겠는가?

위숙이는 대구 대명동 시절에 유일하게 학교(남도초등학교)를 다녔다. 이후 수성초등학교로 전학을 와 수성여중-구남여상을 졸업했다. 고등학교를 우수한 성적으로 졸업했고, 무척 성실한 데다 심성도 고왔고, 외모도 예뻤다. 내가 탤런트 박근형을 닮았다는 얘기를 많이 듣는데 위숙이도 주위에서 좀 이국적으로 생겼다는 얘기가 많았던 것으로 안다. 고등학교 졸업 후 삼경물산이라는 회사에 다녔고, 이후 코오롱재단에서 일을 하다가 1988년에 시집을 갔다.

우리 집안사람으로 8촌이 되는 사람이 있었는데 지금의 사위(김종식)와 같은 교회를 다녔다. 이 분이 중신을 봐 결혼을 하게 된 것이다. 사위는 그때부터 지금까지 안강의 풍산금속에 다니고 있는데 사람이 아주 점잖고, 성실하고 정이 많다. 위숙이는 아내를 닮아 어렸을 때도 그렇고, 지금도 신앙이 아주 독실하다. 두 아들을 잘 키워 외지로 독립시켜 내보낸 지금, 김 서방은 교회 장로, 위숙이는 권사로 교회일을 열심히 한다고 한다.

내 아이 중 첫 번째 혼사였던 까닭에 위숙이의 결혼은 신경을 많이 썼다. 식장은 처가 쪽에서 혼례를 치르는 전통에 따라 대구귀빈예식장으로 정했고, 우각동 내 고향에서는 버스 2대를 대절해 손님을 모셨다. 우각동이 생기고 처음 있는 일이라고 했다. 고향손님들을 위해 별도로 돼지 한 마리를 잡았는데 가까운 친척들은 잔치 전날에 우리 집으로 와서 음식을 만드는 등 일을 거들었다. 돼지고기에 소머리 수육 등 음식에 돈을 아끼지 않았다. 식사도 당시는 제일 고급이었던 갈비탕으로 맞췄다.

위숙이는 남편의 직장이 있는 경북 안강으로 시집을 간 이후 지금까지 그곳에서 산다. 세 동생이 서울, 세종, 제주로 가 사는 바람에 우리 내외(대구)와 가장 가까이 사는 자녀가 됐다. 그래서 명절이나, 중요한 제사, 생일 등 일이 있으면 어김없이 대구로 찾아온다. 2014년 12월 집사람이 추운 날씨에 장을 보러 나갔다가 길거리에서 뇌출혈로 쓰러져 사실상의 식물인간이 된 이후에는 더욱 그랬다. 내가 아무리 그렇게 하지 말라고 해도, 작은딸(경미)과 번갈아 주말마다 내려와 반찬을 해놓고 살림을 챙겼다. 병원에 계속 누워있는 집사람의 병간호도 내가 하루 한 번 꼭 들리지만, 큰일은 두 딸이 많은 정성을 쏟았다. 아내가 세상을 뜬 후에도 마찬가지다. 이제는 자기도 50대 중반이 돼 며느리를 들일 나이가 된 큰딸을 보면 항상 고맙다는 마음뿐이다.

60년 전의 수재와
성경필사

큰딸 위숙이와 관련된 몇 가지 일을 소개할까 한다. 먼저 위숙이로 인해 내 중학교 시절 일화가 화제가 된 적이 있다. 위숙이가 다니는 안강(정확히는 신광면, 내 고향과 가깝다)의 한 교회에 인천에서 교사로 정년퇴임한 한 노신사가 예배를 보러 나왔다고 한다. 신광면에 노년을 지낼 별장을 지으러 내려온 것이다. 주일이면 예배를 마치고 점심을 먹는데 마침 우각동 얘기가 나오자, 그 노신사가 "혹시 이석철이라는 사람을 아느냐?"고 물었다고 한다. 사위는 인천에서 내려온 노신사가 장인 이름을 대자 깜짝 놀라 "우리 장인어른인데 어떻게 아시느냐?"고 되물었고, 그 사연이 밝혀졌다.

내가 성경필사를 한 노트와 성경책.

내가 포항중학교 2학년 때 한 집에서 자취를 했다. 주인집의 할아버지가 초등학교 선생님이었고, 할머니는 고기장사를 했다. 나도 기억이 잘 나지 않는 부분이지만 나중에 문제의 노신사와 통화를 하면서 기억이 되살아났다. 이 노신사는 그 집의 손자로 나이가 나보다 밑이었다. 어느 날 그 집의 아버지인가 누가, 수수께끼 같은 산수문제를 하나 들고 왔는데 내용이 뭐 '족족 구십사, 두두 삼십육……. 이런 식으로 힌트를 준 후 꿩은 몇 마리이고, 노루는 몇 마리이냐?'는 것이었다. 이 문제를 아무도 못 풀고, 심지어 선생님인 할아버지도 머리를 끙끙 거리고 있는데, 내가 이걸 주물럭주물럭 한 후 풀어버렸다는 것이다. 어린 나이에 이 노신사는 무척 놀랐다고 한다. 평소에도 내가 원체 공부를 잘하는 것으로 소문 나 있었던 까닭에 "역시 수재"라고 감탄했다고. 이 사소한 것을 기억하고 있다가 60년이 지나서 우각동 얘기가 나오니 내 이름까지 정확히 기억하며 수소문했던 것이다. 당시 신광면의 우각동 사람이면 이석철이 공부를 잘한다는 것은 다 알았으니 말이다. 노신사는 내 사위에게 "정말 우연의 일치다. 너무 반갑다. 정말 크게 되실 분인데 지금 뭐하시냐?"며 안부를 물었다.

큰딸과 사위 덕에 이 노신사와 오랫동안 통화를 했다. 반가웠다. 당신의 기대처럼 내가 크게 되지는 못했지만, 그 옛날의 나를 기억해준 것 자체가 아주 고마웠다. 나도 잊고 있었던 일인데 말이다.

두 번째는 참 역설적이다. 나는 기독교신앙도 없을 뿐더러 없는 사람들이 교회에 헌금하는 것을 마땅치 않게 여겼다. 그래서 아내는 물론이고, 아이들도 교회를 몰래 다녀야했다. 그나마 내가 일요일에 장사를 나가거나, 계모임에 가면 그 시간을 이용해 아내와 아이들이 교회에 다녔다. 철야예배와 새벽기도 같은 경우는 몰래 다니곤 했다. 예컨대 아내는 내가 잘 때 몰래 교회에 갔다가 집에 돌아올 때가 되면 큰딸이 시간을 맞춰 대문을 열어주고 했단다. 옛날 집은 철문이고, 잠긴 쇠빗장을 풀려면 소리가 나는 경우가 많았는데, 내가 눈치 채지 않도록 소리를 죽이기 위해 몇 십분 동안 숨을 죽여가며 조금씩 빗장을 풀곤 했다는 얘기를 세월이 지난 후에 들었다.

이런 걸 보면 나는 교회적으로 보면 참 나쁜 사람이다. 이랬던 내가 2016년 팔순 무렵 성경필사를 시작했다. 집에서 쉴 때면 나는 TV로 야구중계를 보거나, 명심보감과 옥편을 보는 것이 유일한 낙이었다. 그나마 집사람이 건강할 때는 말동무도 하고 해서 적적하지는 않았는데, 2014년 12월 겨울에 쓰러진 후 나 혼자 집에 있다 보니 일주일에 3번 수성랜드로 청소일을 나가는 시간을 제외하면 할 일이 별로 없었다. 야구중계는 시간이 맞아야 볼 수 있고, 한자공부도 하고 싶을 때는 시간이 없었지만, 정작 시간이 생기니 마냥 그것만 할 수도 없었다.

정방폭포를 배경으로 찍은 제주여행 단체사진. 왼쪽 두 번째가 내 첫 손주 (김)길수다.

그러던 차에 위숙이가 교회에서 받아온 노트 몇 권과 성경책을 들고 왔다. 성경을 처음부터 끝까지 노트에 옮겨적어 보라는 것이었다. 옛날 같으면 못한다고 큰소리를 내었겠지만, 생각해보니 어차피 시간도 많은데 괜찮은 소일거리일 듯싶었다. 예전에는 국문과 한자도 곧잘 썼는데 요즘은 글씨 자체를 쓸 일도 드물어졌으니 한 번 해보고 싶었다. 그래서 하겠다고 했더니 큰딸은 눈물을 흘릴 듯 감동한 표정을 지었다. 당연히 아버지가 안 할 줄 알았는데, 그걸 받아서 실제로 쓴다고 하니 놀랐던 모양이다.

그렇게 1년 가까이 시간이 나면 신약성경을 노트에 옮겨적었다. 시간도 잘 가고, 글씨를 쓴다는 것 자체가 몸에도, 정신건강에도 좋은 것 같았다. 처음에는 워낙 오랜만에 글을 쓰니 내가 봐도 필체가 엉망이었다. 젊었을 때는 글씨를 잘 쓴다는 얘기를 많이 들었는데. 장사하며 다친 손 때문에 더 그런 것 같아 속도 상했다. 그래도 자꾸 쓰다보니 조금씩 나아졌다. 또 생각 없이 옮겨적는다지만 가끔 성경구절이 눈에 들어오기도 한다. 신약성서를 쓰는데 예수와 관련된 얘기가 많이 나왔다. 가만히 그 말의 의미를 되새겨 보면 틀린 말이 하나도 없다. 명심보감이나, 예전 우리 어른들의 가르침과 크게 다르지 않다.

언젠가 이걸 자식들에게 말하니 교회를 다니는 큰딸내외, 작은딸내외, 그리고 큰며느리까지 "이러다 아버지가 (하나님의)은혜를 받겠다"며 좋아들 했다. 나는 정말 그럴까 싶었다. 그저 내가 성경을 옮겨적는 일이 마음에 들고, 또 그걸 자녀들이 좋아한다니 만족할 뿐이었다.

어쨌든 성경필사는 2017년 신약성서를 모두 적는 것으로 끝냈다. 두꺼운 노트로 3권 분량인데, 지금도 집에 잘 보관하고 있다.

정이 많은 큰아들 도경

큰아들 도경의 가족.

      큰아들 도경은 장남이라 우리 내외가 많은 공을 들인 아이다. 경신고등학교를 나왔는데 공부도 아주 잘했다. 문제는 친구를 너무 좋아하고, 무슨 일이든 자기 마음이 끌려야하지 그렇지 않으면 최선을 다하지 않았다. 고등학교 때 가출도

군생활 하던 큰아들 도경의 모습. 경기도 연천의 한 포대로 내가 군복무했던 지역이었다.

하고 방황을 해서 1년 후배들과 함께 학교를 다니기도 했다. 하지만 뒤늦게 마음을 잡고 공부를 해서 성적은 최상위권이었다. 또래보다 1년 늦게 대학진학에 도전했는데 녀석의 성격답게 목표가 너무 컸다. 서울대 법대를 지원했는데 낙방했다. 일 년을 재수하고 같은 학교 같은 과에 다시 도전했는데 또 떨어졌다. 고등학교 때 1년을 묵었으니 3수를 한 셈이다. 두 번째 떨어질 때는 둘째딸 경미가 서울대 독문과에 지원해 함께 시험을 쳤는데 자기는 붙었는데 오빠가 떨어지니 기쁨도 마음껏 표출하지 못했다. 당시는 대학들이 전기와 후기로 나눠 신입생을 뽑았는데, 전기에서 서울대에 떨어지면 후기대학인 성균관대, 한양대, 경희대 등을 지원하는 게 수순이었다. 큰아들은 경희대 법대를 지원해 합격했다.

여기까지도 부모 속을 썩였다고 할 수 있는데, 그 다음이 더 문제였다. 대학을 1년 다니다 나이 때문에 군대에 간 것은 좋았다. 군대에 다녀와서 사법고시를 준비하는 것도 법대생의 수순이니 나무랄 게 못 된다. 그런데 마흔 살이 넘도록 15년 가까이 고시공부를 하느라 많은 세월을 보내고 말았다. 고시공부는 한 몇 년 죽으라고 공부에만 전념해야 하는데 사람 좋은 큰아들은 그게 부족했을 것이다. 또 1차 시험은 두 번이나 패스한 경험도 있었다. 이러니 고집이 있고, 포부가 컸던 큰아들이 고시를 쉽게 포기하지 못한 것이다. 고시공부 막판에 대구 출신의 며느리(김윤희 1970년생)를 얻었고, 지금은 서울에서 편의점을 운영하며 아내와 함께 아들(이현수 2002년생) 하나를 잘 키우고 있다. 손자 현수는 공부를 잘해 특목고를 다닌다고 하는데, 서울대나 카이스트를 목표로 삼고 있다고 들었다. 큰아들은 장사를 하느라 대구에 자주 오지 못하고, 늘 부모에게 미안한 마음을 갖고 있는 것 같다. 그게 또 안쓰럽지만 어쩌겠는가, 그게 자기 팔자 아니겠는가?

버릴 게 없는 둘째딸 경미

둘째딸이자 셋째인 경미는 인물이 가장 좋았다. 지금은 큰 키가 아니지만 중학교 때까지는 키도 컸다. 내가 생각해도 크면서 예쁘다는 얘기를 정말 많이 들었던 것 같다. 경미는 뭐 하나 나무랄 데가 없었다. 막내처럼 까칠한 구석도 없고, 공부도 자기가 알아서 참 잘했다. 만날 늦게까지 공부를 해 안사람이 노상 "그만 하고 자라"고 소리쳤던 기억이 난다. 집에서 도와준 일도 없고, 도와줄 수도 없는데 고등학교 때는 전교 학생회장도 했다. 궂은일을 마다하지 않아 집안일도 곧잘 거들었다. 여중-여고를 나왔는데, 고등학교에 갈 때 전교 1,2등으로 공부를 워낙 잘해 큰딸처럼 실업계를 보낼 생각도 못했다. 언젠가 가족 간의 대화에서

1989년 2월 대구 혜화여고 졸업식 상에서 상을 받고 있는 둘째딸 경미.

내가 경미도 실업계고등학교로 보내려고 했다는 얘기가 나왔는데, 결코 그런 적이 없다. 정이 많아 이것저것 얘기하기 좋아하는 안사람이 별 생각 없이 흘러가는 얘기로 했을 가능성이 높다.

어쨌든 경미는 대구의 혜화여자고등학교를 전교 2등으로 졸업하고 서울대 독문과에 합격했다. 서울로 가서는 자기가 과외 등으로 학비와 생활비를 마련해 학업을 마쳤다. 정말이지 지금까지 속 한 번 썩힌 적이 없다.

2019년 작은 사위와 함께 야구경기를 보러 대구 라이온스파크에 갔을 때의 모습. 야구를 좋아하고 삼성의 경기를 그렇게 많이 봤지만 정작 야구장을 직접 찾은 것은 이때가 처음이었다.

사위(유병철 1970년생)는 둘째딸과 같은 과 동기다. 성격이 털털하고, 말주변도 좋고, 사람을 잘 사귄다. 대학 2학년 때 인사를 드린다며 집으로 찾아와 처음 봤고, 딸이 대학교 4학년이던 1992년 대구 우리집에서 약혼을 했고, 사위가 취직을 하고 1년이 지난 1996년 12월에 서울대학교 호암생활관에서 결혼식을 올렸다. 마음에 쏙 들지는 않았지만 자기들이 결혼하겠다는데 어쩌겠는가? 약혼을 하고도 군대를 다녀온다며 한참 동안 결혼을 하지 않아 걱정을 좀 하기는 했는데 사위기가 금세 취업을 했다. 직업은 스포츠기자다. 재주가 좋은지, 그리 노력하는 스타일은 아닌 것 같은데 대학 4학년 때 시험을 쳐 한국일보사에 들어갔고, 무슨 일인지 전공을 스포츠로 택해 지금까지 스포츠기자 일을 하고 있다. 직업 탓인지, 노는 것을 좋아해 큰사위와 함께 나를 동반한 여행도 종종 가곤 한다. 제주도, 전라도, 강원도 등을 다녔고, 2019년인가에는 "야구를 그렇게 좋아하면서 대구야구장 한 번 가지 않는 게 말이 됩니까?"라며 나를 데리고 프로야구 경기장에 데려가기도 했다.

경미는 현재 중앙부처 공무원(농림부)에 근무하고 있다. 2009년에 공무원을 대상으로 하는 국비유학생 시험에 붙어 둘째딸네 가족 전체가 미국 LA로 가 2년을 살다왔다. 비슷한 시기 막내 도화네가 일본으로 가 3년을 살았기에 갑자기 두 자녀들을 몇 해 동안 보지 못했다. 미국이나 일본으로 놀러오시라고 수차례 얘기가 나왔지만 우리내외는 가지 않았다. 경미는 미국 USC대학에서 행정학 석사학위를 받아왔다. 사실 그 졸업식에는 가고 싶었으나 여건이 되지 않아 직접 가서 축하하지 못한 것이 지금 생각해보면 좀 아쉽다.

사위네 집에 여러 일이 많아 사위가 둘째아들이지만 경미가 시어머니를 모시고, 심지어 조카딸까지 키웠다. 미국유학을 갈 때도 시어머니와 조카딸을 데려갔다. 그래서 둘째딸이 고생하지 않나 싶지만 현명한 아이이고, 그것도 자기 팔자이니 어쩔 수 없다. 경미네 집은 지금도 세종시와 서울에서 잘 살고 있다. 세종시에서 두 딸(어진, 다빈)을 키우다 큰딸이 서울 홍익대로 진학하면서 서울에도 집을 구했고, 주로 서울에서 일을 하는 사위가 주중에는 서울에서 함께 지내고 있다. 경미를 닮아서인지 두 손녀딸의 인물이 아주 좋다.

둘째딸과도 최근에 있었던 일화를 하나 소개하고 싶다. 먼저 둘째사위가 글을 쓰는 일을 하다 보니, 이 책을 만들자는 아이디어가 그쪽에서 나왔다. 나쁘지 않겠다 싶어 승낙을 했지만, 원고를 만드는 것이 영 부담이 됐다. 누가 읽을까 민망하기도 하고. 괜한 곳에 돈과 시간을 낭비하는 것 같아 중간에 접자고도 했으나 어쨌든 3번에 걸쳐 장시간 내 인생을 구술했고, 사위가 글정리를 맡았다. 가능한 조금만 찍어 가족들끼리 보자고 하는데 상세한 내용은

2016년 제주도 여행을 갔을 때 찍은 둘째딸의 두 딸.

나도 모른다. 2016년 팔순잔치를 하자고 했는데, 내가 호통까지 치며 단호하게 거절했다. 안사람이 아파서 누워있는데 잔치를 하는 게 영 내키지 않았기 때문이다. 결국 집근처 음식점에서 가까운 일가들만 불러 식사를 하는 것으로 대신했다. 이 책도 이때 요긴하게 쓰였다.

또 하나 내가 팔순이 된 2016년 여름에 큰딸내외, 작은딸 가족과 함께 막내아들(도화)이 살고 있는 제주도로 가족여행을 다녀왔다. 내가 원체 돈 써가며 어디 다니는 것을

2016년 여름 제주도여행 첫날 한 식당 앞에서 가족 전원이 모였다. 오른쪽 세 명이 막내 도화 네 가족, 내 오른쪽은 둘째딸 부부와 작은 딸, 내 왼쪽으로 큰딸 부부와 경미의 큰딸 어진.

싫어하기에 큰딸이 조심스럽게 얘기를 꺼냈을 때 내가 선뜻 동의했더니 다들 아주 기뻐했다. 나는 여행도 여행이지만 막내아들의 제주집에 한 번도 가보지 못한 것이 영 마음에 걸렸는데, 여행 삼아 한 번 들리는 것도 나쁘지 않다고 생각한 것이다. 얘기를 들어보니, 큰딸내외와 작은딸 가족이 2015년에 전라도의 섬으로 함께 여행을 다녀왔는데 그렇게 좋았다고 했다. 그래서 매년 여름이면 가족들 간에 우의도 다질 겸 피서를 함께 가기로 했다는 것이다. 그 두 번째 이벤트로 나와 함께 하는 제주도여행을 기획한 것이다.

사실 제주도는 오래 전이기는 하지만 예전 계추모임에서 부부동반으로 한 번 다녀왔다. 그때 주요 관광지는 대부분 둘러 봤다. 하지만 이번에는 그 의미가 좀 특별했다. 큰딸네가 대구로 와 나를 데리고 대구공항으로 가 제주도로 날아갔고, 시간을 맞춰 세종시에 사는 작은딸 가족이 청주공항에서 출발해 제주공항으로 와 합류했다. 그리고 여행 이튿날에는 큰딸네의 큰아들, 그러니까 내 손주 중 가장 맏이인 (김)길수가 서울에서 내려와 합류했다. 안강, 대구, 세종, 서울, 그리고 제주까지 내 직계가족이 모두 모이는 의미 있는 여행이었다. 큰아들 도경이네가 편의점을 하는 관계로 함께 하지 못한 것이 아쉬웠다.

우리는 첫날 제주 막내아들집에 들려 식사를 한 후 3박4일간 제주도에서 모처럼 대가족여행을 즐겼다. 나야 주로 따라다녔지만 큰사위가 대형승합차를 빌리고, 작은사위와 둘째딸이 이곳저곳 둘러볼 곳을 미리 예약했다. 그리고 숙소는 막내아들이 회사시설을 예약해줘 편하게 사용했다. 나름 좋은 곳을 본다고, 수족관 비자림 해수욕장 등 볼만한 곳을 두루 다녔고, 음식도 맛나는 걸 많이 먹었다.

내가 막걸리를 좋아하니, 내가 한 잔할 때 술동무를 해주는 작은 사위가 제주도의 모든 막걸리를 끊이지 않고 사와, 노상 막걸리를 들고 다니며 즐겼다. 또 저녁이면 큰 사위와 내가 좋아하는 장기놀이를 한참 하기도 했다. 평생 가족들과 놀아본 적이 없는 내게는 확실히 특별한 여행이었다. 무엇보다 앞으로 살날이 그렇게 많지 않은데 자식들이 하자고 하면 내키지 않아도 그냥 따르는 것이 나이 먹은 지혜가 아닌가 싶기도 하다. 2019년 겨울에는 비슷한 방법으로 설악산에 다녀오기도 했다. 80을 훌쩍 넘긴 나이에 처음 가본 강원도였다.

참고로 나는 80대 중반이지만 실제 나이에 비해 젊어 보이고, 또 건강도 좋다. 여행을 하다 보면 많이 걷게 마련인데, 둘째딸의 두 손녀가 힘들어할 때도 나는 아주 잘 걸어다녔다. 2018년인가 한 번은 경남 어딘가를 놀러갔다가 짚라인도 타봤는데, 사람들이 최고령이라고 입을 모으기도 했다. 이런 모습을 보고 자식들이 "우리 아버지 대단하다"고 놀라곤 했다. 아마 평생 리어카를 끌며 몸으로 고생했던 것이 오히려 건강에는 도움이 되지 않았나 싶다.

나를 닮은 막내아들 도화

막내 도화의 돌사진.

마지막으로 막내아들 도화다. 고등학교 때까지야 내 품에 있어 어린 시절 일은 잘 알지만, 사실 서울로 대학을 간 후로는 나도 잘 모르는 일이 많다. 종종 대구로 찾아오는 막내로부터 듣는 것도 있지만 녀석도 나를 닮아서인지 정겹게 말하는 재주가 없어 구체적인 일은 알지 못한다. 되레 이것저것 말을 잘해주는 작은 사위를 비롯해 가족들한테 하나씩 들어 저간의 사정을 알 뿐이다.

도화는 아주 어렸을 때부터 산수를 잘했다. 내가 장사를 하고, 자기 엄마도 이것저것 일을 했기에 잔돈을 가지고 이렇게 저렇게 산수놀이를 많이 했는데 정말 잘 맞췄다. 장을 보러 갔다와서도 실제 쓴 돈과 도화의 암산을 견주면 딱 들어맞곤 했다. 어렸을 때는 용하고, 신기하게 여겨졌을 뿐인데 이게 괜한 것이 아니었다.

황금초등학교에 다녔는데 산수경시대회에서 만날 1등을 했다. 산수뿐 아니라 다른 공부도 아주 잘했다. 작은딸과 함께 동네에서 공부 잘한다고 소문이 자자했다. 아이들 학교생활에 관여하지 않았던 우리 내외는 주로 다른 부모들한테서 아이들이 공부를 잘한다는 얘기를 전해 듣곤 했다.

형제가 많아서인지 막내 도화는 나름 생각도 깊었다. 가끔 막내답게 심통을 부리기도 했지만 근본이 좋았다. 초

대구 동중학교를 다닐 때 막내 도화의 모습.

등학교 운동회 때였을 것이다. 도시락을 싸가 점심을 먹는데 바람이 좀 불어 교실에 가서 먹자고 했더니, 도화가 고집을 피우며 "안 간다, 그냥 밖에서 먹자"고 했다. 유난스럽게 굴어서 이유를 따져 물으니 "거기 가면 안 됩니다. 교실에 가면 선생에게 돈을 줘야 한다"고 했다. 그때는 그런 시절이었다. 돈에 인색한 아버지가 괜히 담임선생과 마주쳐 촌지도 주지 않는 그런 상황을 아예 만들고 싶지 않았던 것이다. 초등학생 아이가 그렇게 생각하다니 한편으로는 대견하면서, 나름 상처를 받고 있다는 생각에 씁쓸하기도 했다. 그때가 지금도 기억에 난다.

도화도 자기가 알아서 공부를 잘했다. 또 그걸 내색하지도 않았다. 부모가 더 급한 형과 누나의 공부에 더 신경을 쓰는 것이 이유였을 것이다. 공부를 잘해 상을 타도 집에는 아예 얘기도 안 했다. 우리 내외는 그런 것을 집에 놀러온 친구들이 얘기해 알았다. 도화가 자전거를 타고 수성시장 옆 대구동중에 다닐 때도 그렇게 공부를 잘하는지 나는 잘 몰랐다. 이웃 아주머니가 집에 놀러와 도화 자랑을 엄청나게 하는 바람에 알았다. 학교에 다니면서 전교생이 모인 자리에서 수차례 단상에 올라가 상을 받은 것을 정작 집식구들은 몰랐던 것이다.

도화는 지금도 회사일이나, 자기문제를 내게는 거의 얘기하지 않는다. 그냥 알았다, 잘 하고 있다. 돈 필요하지 않으시냐. 이렇게 묻는 게 다다. 그리고 돈을 좀 벌었는지 만만치 않은 집사람의 병원비 등은 도화가 주로 책임진 것으로 안다.

도화는 대구오성고등학교를 차석으로 졸업하고, 서울공대 금속공학과에 들어갔다. 이후 학교생활과 직장생활 등은 자세히 알지 못하는데, 대학을 같이 다닌 둘째누나 경미, 자형인 유 서방과 많이 어울렸던 것으로 안다. 학교 근처인 신림동에 집을 구해, 고시공부를 하던 큰 아들 도경, 둘째딸 경미, 그리고 도화가 한 집에서 생활했다.

워낙 자기 얘기는 안 하는지라 내가 이것저것을 종합해 알고 있는 것을 정리하면 도화는 혼자 힘으로 제법 성공한 것 같다. 대학을 마치면서 방위산업체 근무요원으로 병역을 치렀다. 관련된 한 회사에 들어갔고, 기초 군사훈련을 받으러 군훈련소에 갔는데 거기 내무반에서 서울공대 선배인 N사의 K회장을 만났다. 컴퓨터공학과를 나온 K회장도 자기 회사 소속으로 훈련을 받으러 왔던 것이다. 이 짧은 시기에 도화가 내무반에서 뭐 일지를 쓰는 그런 일을 했는데 워낙 빈틈이 없는 스타일인지라 K회장은 도화의 소속을 자신의 회사로 옮겨 방위산업체 근무를 하도록 조치했다. 그때 N회사는 지금처럼 세계적인 게임회사가 아니라, 직원 수십 명의 비교적 작은 회사였다. 도화는 거기서 근무하면서

1996년 2월 26일, 작은 사위(왼쪽)와 막내 도화가 서울대를 졸업했다. 유 서방이 3년 선배지만 군대를 다녀오면서 둘은 졸업동기가 됐다.

병역을 마쳤고, 이후에도 N사에서 근무했다. 도화의 아내, 내 둘째 며느리도 그 회사에서 만난 것으로 안다.

도화는 1999년 무슨 바람이 불었는지, 갑자기 공인회계사 시험을 치겠다며 회사에 사표를 냈다. 단순한 회사원으로 사는 것보다는 국가자격증 같은 걸 따려고 했고, 워낙 수학을 잘했으니 회계사가 어울린다고 판단한 것이다.

K회장은 처음엔 만류했으나 빨리 시험에 붙은 후 다시 회사로 오라고 했다. 머리가 좋은 도화는 아무도 만나지 않고 약 1년 정도 지독하게 공부했다. 그런데 그랬다고 해도 그 결과가 놀라웠다. 원래 이런 국가고시는 올해 1차시험에 붙으면, 다시 1년간 준비해 다음해 2차시험에 도전하는 법이다. 그런데 도화는 2000년 초 처음으로 치른 1차시험을 가볍게 통과하더니, 불과 몇 개월을 공부해 2차시험마저 붙어버렸다. 그것도 전체수석으로. 나는 잘 모르겠지만 이런 적은 그 이전에도 없었고, 이후로도 나오기 힘든 것이라고 한다. 도화의 이름이 신문에 나고, 오성고등학교 정문에 플래카드가 붙기도 했다. 나도 아이들이 서울대학교에 합격했을 때만큼 많은 축하를 받기도 했다.

이후 도화는 N사를 찾아갔지만, K회장은 한 5년 정도 대형회계법인에서 근무한 후 회사로 복귀하라고 얘기했다. 그리고 실제로 도화는 국내 최대 회계법인에서 5년을 근무한 후 N사로 복귀했다. 이후 회사의 재무통으로 3년간 일본으로 가 일본주식시장에 회사상장을 주도했고, 이후 N사의 지주회사에서 이사로 근무했다. 잘은 모르겠지만 신문에 난 걸 보면 그 큰 회사에서 몇 명 안 되는 등기이사이고, K회장의 최측근이라고 한다.

2016년 여름, K회장이 무슨 검사장에게 공짜로 주식을 줘 큰 이득을 준 문제로 사회가 시끄러웠다. 도화가 그 회사의 중요한 자리에 있는 까닭에 걱정을 많이 했는데, 워낙 도화가 어긋나는 일은 하지 않는 스타일이라 별일이 없이 지나갔다. 나는 제주도 여행을 간 자리에서 그저 "단디 해라"라고 한 마디만 했다. 대신 진즉부터 도화가 골프를 즐긴다는 것을 알았기에 아는 노인네가 주워온 골프공을 받아다가 깨끗이 씻어 가져다주었다. 작은사위가 "처남(도화)이 생각보다 돈을 잘 법니다, 아버님. 골프공 정도는 널려 있을 테니 그런 것까지 신경 쓰지 마시라"고 했지만 내가 하고 싶어서 한 일이었다.

어쨌든 도화는 세상적으로 보면 자식들 중 가장 성공한 듯싶다. 그렇다고 해도, 나를 닮아 원체 자기를 드러내지 않기에 하고 다니는 것을 보면 전혀 티가 나지 않는다.

먼저 떠난 집사람

　　지금까지 짧지만 네 자녀에 대해 하고픈 말을 정리했다. 남은 내 가족은 아내 최순자(1941~2018년)다. 1960년 혼례를 올렸으니, 58년을 부부로 살았다. 2014년 12월 쓰러질 때까지 54년을 한집에서 살았고, 2018년 4월 병원에서 세상을 뜰 때까지 내가 병상을 지켰다. 집사람에 대해서는 제대로 얘기하자면 좋은 얘기든 흉이든 책 한 권도 부족할 것이다. 이 세상에서 나랑 가장 오래 한 집에서 살았으니 말이다. 우리 시대에는 얼굴도 모르고 결혼했고, 운명인 줄 알고 아이들 낳고 살았으니 요즘 젊은 사람들처럼 사랑이니 연애니 이런 호사는 모른다. 감정을 표현하는 것 자체를 경박하게 여겼고, 평생을 그렇게 살았으니 글로도 그런 낯

1995년 2월 23일 대구 수성로교회에서 열린 안사람의 권사 임직예배.

간지러운 말은 못하겠다.

그런데 한 가지는 확실하다. 돌이킬 수만 있다면 2014년 12월 겨울 그 추웠던 날 아내가 저녁 찬거리를 사러 외출하도록 놔두지 않았을 것이다. 그랬다면 뇌출혈로 길바닥에 쓰러져 병원으로 실려간 후 영영 집에 돌아오지 못하는 일은 없었을 것이다. 비록 허리가 굽고, 몸 이곳저곳 성한 곳이 없을 정도로 노쇠했지만, 3년을 넘게 온종일 누운 채로 눈만 깜박거리고, 간신히 한손만 조금 움직이는 답답함은 없었을 것이다. 내가 말이 없고, 재미가 없는 사람이라 심심할 때면 내가 듣는지 마는지 자기 하고픈 말을 툭툭 던질 정도로 말하는 것을 즐기던 안사람이 입도 벙긋하지 못하는 고욕도 겪지 않았으리라.

안타까운 것은 집사람의 상태가 시간이 갈수록 나빠졌다는 점이다. 매일 가서 얼굴을 보고, 몸을 주무르고, 이것저것 말도 붙이고, 심지어 지폐를 꺼내 어느 쪽이 큰 액수인지 물어보는 인지테스트를 하는데 영 예전만 못해졌다. 인명은 재천이라고, 사람이 어떻게 할 수 없는 게 자연

58년을 함께 살았는데도 아내와 단 둘이 찍은 사진이 많지 않다. 제주도여행을 갔을 때 유채꽃을 배경으로 찍은 사진이다.

의 이치다. 그래도 남편으로 눈물이 나도록 안타깝고, 불쌍하다. 나와 마찬가지로 평생을 먹고사느라, 아이들 키우느라 고생을 많이 한 사람이다. 독한 남편을 만나 돈 한 번 제대로 써보지도 못했다. 그 좋아하는 교회도 할머니가 되기 전까지는 몰래 다녀야했으니 나 때문에 겪은 고생도 많았다.

아내가 아플 때 텅 빈 집에서 하루 종일 한 마디도 하지 않고, 집에 혼자 있다 보니 "막걸리 좀 그만 먹으라"는 안사람의 잔소리까지 그리워졌다. 며칠이라도 좋으니 예전처럼 하고픈 말이라도 시원시원하게 할 수 있었으면 좋겠다는 생각이 들었다. 그러면 하고픈 말이 뭐든 끝까지 다 들어줄 텐데 말이다. 날이 갈수록 몸상태가 나빠진 아내는 2018년 4월 결국 숨을 거뒀다. 가족들이 모두 모여 장례를 치렀고, 내 고향의 작은 땅에 묘를 썼다. 나도 생을 마감하면 가야할 장소이다. 아직도 집사람 얘기는 많이 못하겠다. 너무 고생했고, 너무 아파하다가 세상을 마감했기 때문이다.

아버지 같았던 큰형님

리어카 장사는 고되지만 장점이 하나 있다. 집안에 큰일이 생기면 그날만큼은 내 마음대로 일을 나가지 않고, 꼭 참석할 수 있다는 것이다. 일제강점기에 태어나서, 씨족 공동체에서 자란 까닭에 나는 조상과 한 핏줄을 챙기는 일이 몸에 배어있다. 그래서 모든 집안 애경사는 연락만 받으면 다 참석했다. 우각동 사람들 사이에서 "석철 아재가 빠지는 큰일은 없다"는 말이 나올 정도였다.

지금부터는 분가하기 전에는 내가 속한 가족이었고, 자녀들에게는 친척인 사람들의 얘기를 조금 기록하려 한다. 능력이 되는 한 이 '가족'들도 최대한 챙기려고 애를 썼고, 애경사를 비롯해, 문중일까지 쫓아다녔기에 내 처지에서는 꼭 남기고 싶은 이야기 중 하나이다.

내게 아버지와도 같은 큰형님(석성)은 23년 전인 1993년, 74살에 돌아가셨다. 나보다 17살이나 많았던 까닭에 큰조카(원곤 1948년생)는 나와 11살밖에 차이가 나지 않았다. 내가 중학교 때 돌아가신 아버님의 뒤를 이어 가장이 된 형님은 원체 열심히 일을 하셨고, 또 교육에도 관심이 많았다. 그래서 넉넉지 않은 시골살림에도 큰조카를 대학(영남대)까지 보냈다. 원곤이 조카는 글씨를 참 잘 썼다. 조카며느리가 의성김씨인데 군대에서 보내온 원곤이의 편지글에 반해서 시집왔다. 그런데 내 장남도 그렇지만 공을 들여 귀하게 키우면 되레 빈구석이 많아지는 게 아닌가 싶기도 하다. 대학까지 나온 큰조카도 친구 사귀기 좋아하고, 노는 것을 즐겼지 실속이 없었다. 한 번은 추석 때 신광면 축구대회가 열렸는데, 타지에 나가 살던 큰조카가 나타났다. 그리고 아이들 점심 다 사주고, 경기 끝난 후 목욕도 시켜주고, 심지어 축구공까지 사줬다. 자기가 넉넉하면서 그러면 할 말이 없지만 쥐뿔도 없는 걸 잘 아는 내게는 그저 허세일 뿐이었다. 참 답답했다. 자기 사는 것도 변변치 않으면서 꼭 저래야 하는가 싶었다.

큰조카는 주로 부산 쪽에 살았다. 사업도 하고, 이것 저것 많이 했는데 제대로 성공한 일이 없었다. 오히려 사업을 한다고 우각동의 큰형님 논을 다 팔아먹기만 했다. 내가 대구로 나온 후 큰형님도 환갑을 넘기면서 부산의 큰조카에게로 갔다. 당시는 50살만 되도 적지 않은 나이였고, 근력이 떨어지면서 농사일도 제대로 할 수 없게 되자 큰형님 내외가 큰아들에게로 간 것이다. 지금이야 부모님을 모시고 사는 경우가 흔치 않지만 그때만 해도 장남이 부모님을 모시는 것은 당연했다.

처음에는 어른들 모시고 잘 사는가 싶었다. 그런데 1980년대 중반 대구에서 한창 장사를 하다가 어머니 제사를 드리러 큰형님이 계시는 부산의 큰조카집에 갔는데 그만 속이 상하고 말았다. 집 자체도 크다고 할 수 없는 것이 없는데 그나마도 큰조카가 짓는 도중에 부도가 나서 마저 완공하지 못한 상태였다. 그래서 근처에 셋방을 얻어 살고 있었다. 큰형님과 형수님의 사는 모습이 말이 아니었다. 사정을 들어보니 300만 원이면 집을 마저 짓는다고 해 내가 집사람 몰래 300만 원을 해줬다.

그런데 이것도 도움이 되지 못했다. 큰조카는 또 뭔가를 하다가 망해서, 어렵게 완공한 집을 한 5년인가 살다가 팔아버리고, 집값이 헐은 양산의 한 아파트로 이사했다. 양산에 있을 때 형수님이 돌아가셨는데, 이때도 살림형편이 좋아 보이지 않았다. 큰조카가 2년제 대학교 앞에서 배달식당을 했는데 외상이 많아 빚을 지고, 이후 주차장을 관리했는데 술만 먹고, 화투 치고 그래서 또 망했다.

결정적인 사건은 이후 큰조카가 부산 대덕동인가에서 함바식당을 할 때 발생했다. 곧잘 하는가 싶었는데 은행빚 내서 철근일을 하는 사람한테 어음을 받고 돈을 내줬다가 큰 손해를 봤다. 사는 집이 은행에 넘어갔다. 큰조카는 집을 나가버리고, 큰형님은 이때 돌아가셨다. 1993년 정월 19일의 일이다. 아들과 딸이 하나씩 있는데, 큰조카는 결국 이혼하고 떠돌아다니다 명을 달리했다. 지금은 가끔, 제사나 벌초할 때가 되면 손주뻘인 큰조카의 아들과 연락을 한다. 부산의 무슨 대학을 나와서 광양제철소의 연구원으로 일했는데 2016년 벌초 때 전화를 하니 나이 들어 약대에 들어가 다시 공부를 하느라 바빠서 못 온다고 했다. 결혼해서 딸이 둘 있다고 하는데. 이후에도 제대로 얼굴을 보지 못했다.

살짝 중풍이 오기도 했던 큰형님은 젊어서 고생이 많았으니 아들과 살면서 호강을 했으면 좋았을 것이다. 그런데 철이 없는 아들 때문에 고생만 한 것 같아 안타깝다. 큰조카를 보면 욕심이 많아서 매번 일을 그르친다는 생각이 든다. 좌고우면하지 않고 하는 일 열심히 해서 돈을 벌고, 그걸 모으고, 필요한 만큼 쓰면 되는데 머리 잘 굴려서 한 번에 큰돈을 얻으려다가 번번이 실패한 것이다. 그럴 바에는 나처럼 너무 융통성이 없어도 손해를 보는 편이 낫다. 가만히 보면 요즘은 큰조카처럼 노상 잔수를 부려 일확천금을 노리는 사람들이 참 많다. 그래서는 안 된다. 사람 사는 거 그렇게 쉽지 않다.

아 그리고, 큰누님은 나와는 20살이나 차이가 났고, 일찌감치 시집가서 그쪽 식구로 주로 살았기에 교류가 그리 많지 않았다. 먹고살기 어려웠던 시절에서 고생한 것은 당연한 일이었을 것이다. 어쨌든 1986년 당신 나이 70살에 세상을 떴다.

가장 가까웠던
둘째형님

둘째형님(석희 1925년생)은 정말이지 처복이 없었다. 그래서 고생이 많았다. 촌에서 처음 장가를 갔는데, 알고 보니 여자에게 병이 있었다. 아들 하나를 뒀는데 얼마 못 살고 눈을 감았다(이때 낳은 첫 아이도 이제 70이 다 돼 간다. 얼마 후 두 번째 장가를 갔는데 이번에는 폐병이 있는 여자였다. 내 경우처럼 사진 한 장만 보고 혼례를 치르던 시절이었기에 속병은 알 수가 없었다. 딸 둘에 아들 하나를 낳았지만 이 형수도 곧 일을 하지 못했다. 밥도 못하고, 내 누워 있고, 병치레만 지긋지긋하게 했다. 그러느라 돈도 많이 들였다.

둘째형님은 남의 집 머슴살이를 하다가 가장 먼저 대구로 나왔다. 엿장사 등 리어카장사를 하며 먹고 살았다. 이때 좀 불쌍한 여자를 알게 돼 집으로 데려와 살았다. 세 번째 결혼인 셈이다. 그런데 이 여자도 좀 문제가 있었다. 좀 추접하고, 아무것도 할 줄 몰랐다. 청소도 밥도 못하니 집안꼴이 말이 아니었다. 그래서 나가라고 하니, 그 여자 집안에서 돈을 내놓으라고 했다. 1986년께 일이다. 내가 자세히 아는 건 그때 둘째형님이 내게 급히 와서 100만 원만 빌려달라고 했다. 여자쪽에 줄 돈이 필요했던 것이다. 마을 금고에서 돈을 찾아 보냈다. 어쨌든 이렇게 세 번째 결혼도 끝났다.

이후 나이가 들어 형님은 네 번째 형수를 만났다. 남녀호랑교[04]를 믿었던 이 형수는 사람이 참 착했다. 그래서 형님과 오래 살았다. 앞선 형수가 낳아놓은 딸 둘과 아들 하나까지 다 시집장가까지 보냈다. 조카(원수)는 서른다섯에 장가를 갔는데, 경북공고의 선생님이 됐다. 영남대를 나

---

04 남묘호렌게쿄[南無妙法蓮華經]. 정확히는 창가학회로 한국에서는
    영남지역에 신자가 많았다.

왔는데 머리가 좋았다. 졸업하기 전 석 달인가 학원을 다녔는데 180명이 지원해서 한 명을 뽑는 교사모집에 턱하니 합격했다. 그리고 교사생활을 하면서도 무슨 기능대회를 지도했는데 해마다 금메달을 따 포상금을 수천 만 원씩 받았다. 둘째형님도 나와 같이 리어카 장사를 오래 했다. 66세까지 리어카를 끌었고 돈도 많이 벌었다. 하지만 두 번째 형수가 평생 누워서 병치레 하다 보니 거기에 돈을 많이 썼다.

앞서 언급한 아주 큰 아들, 그러니까 첫 번째 결혼해서 얻은 아들은 엇나가서 집안과 연락이 잘 되지 않는다. 아이 나이 예닐곱에 둘째형님이 대구로 왔고, 아이는 큰집에서 자랐는데 큰형수 성격이 보통이 아니었다. 부모 없는 조카를 알뜰히 건사했으면 좋았을 텐데, 뭐라 할 땐 아주 모질게 대했다. 그러니 이 아들은 아버지인 둘째형님한테 한이 맺혔을 것이다. 자기 아버지 돌아가셨을 때(2004년)도 오지 않았다.

어찌 보면 둘째형님은 나와 가장 각별했다고 할 수 있다. 나보다 12살이 많았는데 노는 날 형님이 심심하다고 나를 부르면 월성동으로 장기를 두러 가곤 했다. 그리고 원수 조카도 고맙다. 교사로 자기도 잘 살 뿐 아니라, 벌초 등 집안 대소사를 잘 챙긴다. 사실 둘째형님은 나한테 작은 할배가 되는 집으로 양자로 입적됐다. 원수는 그쪽 집안 산소까지 다 벌초를 한다. 지금도 나는 음력 8월초하루가 되면 토요일을 골라 벌초를 하러 간다. 대부분 원수가 동행한다.

고향을 지킨
셋째형님과 동생 학석

나보다 10살이 많았던 셋째형님(석방 1927년생)은 고향을 지켰다. 계속 농사를 지으며 우각에 사셨다. 나처럼 아들 둘에 딸 둘을 낳았는데 맏이(종원)는 포항 오청에서 식당을 하고 있다. 둘째아들 석원은 똑똑했다. 대구의 명문 고등학교인 대륜고에 합격했는데 입학금이 없다고 해서 내가 3만 원을 전하기도 했다. 이후 박정희 때 세무대학 1기생으로 들어가 서울, 인천 등에서 세무공무원 생활을 죽 했다. 우각동에 기름보일러를 놔주고, 부모집도 다 고쳐줬다.

셋째형님은 계속 우각동에서 살다가 1998년 음력 1월 30일, 72세로 운명하셨다. 참고로 우리 집안 제사는 20

년이 넘도록 내가 도맡아 드리고 있다. 아버지, 어머니, 그리고 그 윗대 할아버지, 증조할아버지, 고조할아버지까지 말이다. 장조카가 집을 나가고, 큰형님이 돌아가신 이후부터 말이다.

동생(학석 1942년생)은 우리 오형제 중 신체도 제일 건장하고, 인물도 제일 좋고, 성격도 최고였다. 그런데 팔자가 참 사나웠다. 똑똑했지만 어려운 집안형편에서 내가 중학교에 가는 바람에 중학교에 가질 못했다. 촌에서 머슴살이를 하며 농사를 짓다가 결혼을 했는데 여자가 바람기가 있었다. 해병대에 사귀는 남자가 있는데 시집을 왔던 것이다. 그래서 1년도 안 돼 이혼했다. 두 번째 여자는 촌사람이 아니라 미용기술을 익힌 사람이었다. 그런데 이 여자가 보통이 아니었다. 당시는 택시도 없고, 아우노리라고 불리는 지프차 같은 게 신광면에서 딱 한 대 다녔는데, 이 여자는 7마장, 그러니까 3킬로미터 되는 거리도 이걸 불러서 타고 다녔다. 우각에서 시장가면서 이러는 사람은 없었다. 계란도 우리는 생전 구경하기가 힘든데 이 여자는 판대기로 사서 먹었다. 촌사람들 눈에는 엇나가도 보통 엇나간 것이 아니었다. 자기 남편은 남의 집 머슴살이를 하는데 말이다. 그 집에서 일해주고, 밥먹고, 바쁠 때는 거기서 자기도 했다. 바쁘지 않은 저녁에만 집에 들어와 자는데 마누라는 돈을 펑펑 쓴 것이다.

우각동은 모두 일가이고, 원체 농사일에 바쁘니 집집마다 도장은 아예 동장에게 맡겨 놓았다. 그런데 이 여자가 동장한테 가서 동생 도장은 물론이고, 큰형님과 셋째형님 도장까지 받아 농자금으로 빚을 냈다. 동장은 아무것도 모르고 달라고 하니 줬던 것이다. 얼마나 많은 빚을 냈는지 나중에 우리 식구들이 알고 기겁을 했다. 이게 밝혀지게 되자 여자는 밤에 부산으로 도망을 갔다. 내 동생은 일이 많아 주인집에서 자던 때였기에 도망가는 것도 몰랐다. 동생 학석이가 몇 달이 지난 후 부산으로 찾아가 보니, 다른 남자가 있는 것 같다고 했다.

이런 식이니 동생의 삶은 고난의 연속이 되고 말았다. 우각동을 나와 부산쪽으로 가 이것저것을 했는데 가정이 안정되지 않다 보니 만날 술먹고 고단한 삶을 살았다.

슬하에 딸 둘, 아들 하나가 있었는데 둘째딸은 외가에 가서 못에 들어가 놀다가 빠져 죽었다. 큰딸과 아들을 여자가 데려가 키웠는데 남은 딸도 좀 안타깝게 명을 달리했다. 고무신 공장에 다니다 남자를 사귀어서 아이가 생겼는데, 표시 나지 않게 복대를 두르다 너무 심하게 동여매서 그 부작용으로 죽었다. 아들은 자기 엄마 말만 들었다. 우각동에는 오지도 않고, 심지어 자기 아버지가 맹장염에 걸려 수술을 받고 병원에 누워있을 때 내가 직접 전화해 한 번 찾아오라고 해도 오지 않았다.

형님들과는 나이 차이가 많이 나는 까닭에 동생 학석이를 챙겨줄 사람은 나밖에 없었다. 한 번은 동생으로부터 병원에 입원해 있는데 퇴원할 돈이 없다는 연락이 왔다. 남의 오토바이를 뒤에서 타고가다 복사뼈를 크게 다쳐서 대학병원에서 오랫동안 치료를 받았다고 한다. 내가 돈을 들고 가 퇴원수속을 밟았고, 성치 않은 몸에 오갈데가 없어 아예 우리집으로 데려와 오래 함께 살기도 했다. 그때도 내 안사람이 고생이 많았다.

이후 건강이 좀 나아진 학석이는 김해 꽃밭으로 가 일을 했다. 마음을 잡고 뭐 한 가지를 하면 곧잘 하는데 삶이 안정되지 않다 보니 일을 제대로 한 적이 없었다. 그래도 김해에서는 일도 잘하고 해서 좀 안정이 되나 싶었다.

그러던 중 1998년 7월 어느 날 부산시립병원에서 전화가 왔다. 학석이는 술만 먹으면 구포역으로 가 노숙자생활을 한 적이 있어 전화를 받을 때부터 놀랐다. 이학석 씨가 폐렴으로 죽었다는 것이다. 우리나이 57세, 아직 환갑도 되지 않은 나이였다. 아내와 아들은 연락을 끊고 살았으니, 장례를 맡을 사람이 없었다. 그래서 내가 밤에 급히 부산으로 갔다.

동생의 시신을 본 그 순간을 잊지 못한다. 신원을 확인하는데, 눈물이 왈칵 쏟아졌다. 믿기지가 않았다. 산사람을 냉동고에 그냥 넣은 것 같았다. 그리고 자세히 보니 몸 이곳저곳에서 멍든 곳이 많았다. 술 먹고 넘어져도 그 정도는 아닐 텐데. 무슨 사연이 있는지 알 수가 있나. 이렇게 죽으면 억울할 뿐이다.

내가 도맡아 장례를 치르는데 참 썰렁한 상가였다. 부산 쪽에 있는 장조카 원곤에게 연락했지만, 딸 시집보낸다고 날을 받아놨다며 초상에 오지 않았다. 둘째형님과 포항의 종원이 조카 등 연락할 수 있는 곳은 다 했지만 몇 명 오지 않았다. 어쨌든 수의를 사고, 널도 사고, 염을 하고, 빈소를 마련하고, 장례를 치렀다. 화장을 할까 했지만, 당시 군대에 있던 학석이 아들이 나중에 원망할까봐 차를 대절해 우석동의 내 밭에 산소를 마련했다.

갑작스러운 상이라 가능한 조촐하게 치른다고 비용을 아꼈지만 그래도 200만 원이 들었고, 내가 모두 부담했다. 부조금은 고작 40만 원이었다. 나중에 김해꽃집을 찾아가니 월급 줄 게 있다며 70만 원을 건넸다. 당사자가 죽었기에 모른 체 할 수 있었겠지만 학석이가 나름 일을 열심히 해준 까닭에 주인이 진정으로 위로한 것이다. 동생이 죽고, 그 뒤처리를 할 때 정말이지 속이 많이 상했다.

참 말이 나온 김에 나는 죽으면 우각동으로 돌아갈 것이다. 살림 밑천으로 받아놓은 땅(밭)이 600평정도 있다.

여기에 아내는 물론 큰형님과 형수의 산소를 모셔놨다. 둘째형님은 화장을 했으니 산소가 따로 없고, 셋째형님과 형수도 여기에 산소가 있다. 그리고 동생의 묘도 여기에 만들었으니 이제 나만 가면 형제들이 다 모이는 셈이다. 그리고 할아버지와 할머니 산소도 여기에 있다. 원래 큰형님 소유였던 다른 땅에 산소가 있었는데 장조카 원곤이가 그 땅을 600만 원인가 팔아버리면서 내 땅으로 모셔왔다.

할머니 묘를 이장할 때의 기억도 생생하다. 100년 만에 이장을 하는데 땅을 파니 아무 흔적도 없었다. 관도 수의도 사람의 흔적도 전혀 없었다. 흙만 까무잡잡했다. 신기했다. 사람이 죽으면 흙으로 돌아간다더니 꼭 그 말 대로였다.

당시 흥미로운 일도 있었다. 땅을 1미터 정도 팠는데 뱀알 6개가 나왔다. 크기가 계란보다 영 작아 메추리알 정도 된다. 이 뱀알은 예로부터 축농증에 좋은 것으로 유명하다. 옆에 있던 8촌형님이 3개를 가져가고, 나도 어디에 쓸지도 모른 채 3개를 챙겼다. 그런데 큰딸 위숙이의 큰아들인 길수가 전부터 축농증으로 고생했다. 병원치료를 해도 낫지 않자 마침 그때 뱀 허물을 불에 구워 갈아서 가루로 만든 후 빨대로 목구멍에 불어넣는 민간요법을 했다. 효과가 좀 있었는데 얼마 가지 않아 다시 도지고 그랬다. 이럴 때 뱀알을 주은 것이다. 허물보다는 뱀알이 더 낫지 않겠는가. 뱀알을 프라이팬에 구운 후 갈아서 빨대로 불어넣었다. 이후 손주 길수의 축농증이 나았다. 조상은 죽어서도, 그 음덕을 기리는 자식을 돌보는 것인지도 모르겠다.

지금 내 밭, 그러니까 우리 형제들의 산소를 모아놓은 곳으로 가면 큰형수 묘 옆에 아내의 묘가 있다. 그 곳이 내가 영원히 누울 자리이다.

처가 사람들

처가 식구들도 기록에 남겨두는 것이 옳을 듯싶다. 처가는 기계면의 성계동(리)이었다. 장인어른은 첫 번째 부인으로부터 아들 하나, 딸 하나를 낳았다. 그런데 처가 요절하고, 아들도 6·25전쟁 때 목숨을 잃었다. 딸은 시집을 보냈는데 역시 전쟁 때 딸과 사위가 죽었다. 첫 번째 결혼의 흔적이 모두 지워진 것이다.

그래서 재추 장가를 갔는데 당시 장모는 18살이었다. 장인이 서른 살이었으니 띠동갑, 12살이나 나이차가 났다. 여기서 아들 셋, 딸 넷 7남매를 다시 얻었다. 장인은 촌에서 부자였다. 땅도 좀 있고 하니 일이 많았는데, 위궤양이 있어 스스로는 다 처리하지 못해 머슴 둘을 데리고 농사를 지었다. 제일 맏이였던 내 집사람은 자라면서 일을 많이 했다고 한다. 농사는 많고, 밑으로 동생이 6명이나 되니 어쩌면 고생은 당연한 일이었을 게다.

앞에서 언급한 대로 나는 대구로 올라올 때 처갓집 명의로 대명동집을 샀고, 나중에 장인어른은 촌의 땅과 집을 다 팔고 식구들을 데리고 대구로 나왔다. 이후 대명동 집을 비싸게 판 후에 동촌에 땅을 사 양옥집 2개를 지어서 역시 재미 좀 봤고, 이후 범어동에 집을 구해 살았다. 우리 집안과는 달리 대구에 올라올 때부터 돈이 좀 있었고, 집을 잘 사고팔아서 어느 정도 먹고사는 편이었다. 아들들에게 집을 한 채씩 사주고, 살림도 보태주고 그랬다.

장인어른은 대구에 올라와서 한참 있다가 돌아가셨고, 장모님은 그보다 더 오래 사셨다. 나는 처갓집에도 잘했다. 장인어른 돌아가신 후 장인어른 제사는 한 번도 빠지지 않았다. 물론 이후 장모님 제사도 마찬가지다.

아들 중 맏이인 최상필은 앞서 설명한 대로 나보다 11살 아래였는데, 영남대학교를 졸업했고, 줄곧 대구시청에서 근무하다가 수성구청, 그리고 동장으로 공직생활을 마쳤다. 이후 수성랜드 사장으로 근무하다가 이것도 퇴직하고, 동명의 대구시립공원묘지의 사장으로 옮겼는데 이게 아주 고됐다고 했다. 그래서 사표를 내고 나왔고, 이후 일주일 3~4일씩 수성랜드에서 돈은 조금 받으면서 일을 돕다가 은퇴했다. 나이가 70을 넘겼는데 전체적으로 반듯하게 공직생활을 잘했고, 장남으로 집안을 잘 건사했다. 나는 과일장사를 마친 후 아파트경비를 거쳐, 수성랜드에서 일주일에 3번 청소일을 했는데, 이것도 처남이 알선한 자리였다.

상필 처남은 3남매를 뒀다. 모두 결혼시켰는데, 고명딸의 사위가 사고로 죽었다. 이 딸은 고등학교 선생을 하다가 미국으로 갔고, 거기서 살다가 돌아와 지금은 혼자 살고 있다. 애가 없으니 그럴 것이다. 큰 아들은 경북대를 나와 구미에서 연구원을 일하고 있고, 둘째아들이 약대를 나와 약국을 하는데 아주 잘된다고 한다.

처갓집의 둘째아들은 경산에 사는데 지입차로 덤프 트럭을 몬다. 딸 하나 낳고 역시 잘 살고 있다. 그리고 막내아들은 올해 환갑(2020년 기준)인가 그런데 서울에 가서 좋은 직장을 다니다가 목사가 됐다.

안사람의 여동생도 셋이 있는데 그중 막내는 1966년 생으로 우리 큰딸 위숙이보다 3살이 적다. 안사람이 위숙이를 낳은 후 3년 있다가 장모가 애를 낳은 것이다. 요즘은 보기 드문 나이 많은 조카인데 예전에는 이런 일이 많았다.

참고로 처갓집은 우리 우각사람들보다는 제사에 대해 잘 몰랐다. 그래서 노상 내가 가르쳐줬다. 축문 쓰고 이런 걸 그 집 식구들은 알지 못했다. 예컨대 지방을 쓸 때 장모도 써야 하는데 이런 걸 몰랐다. 제사 때마다 내가 가서 다 썼다.

친구들

나는 한창 일할 때 함께 장사를 하는 사람들, 혹은 고향사람 등과 계모임을 여러 개 가졌다. 그런데 대부분 모임에서 나는 총무를 맡았다. 내가 하겠다고 나선 적은 한 번도 없는데 자연스럽게 그렇게 됐다. 내가 워낙 숫자에 밝고, 또 정직하고 성실하니 돈 관리를 하기에 적임자였던 것이다. 실제로 다른 계는 돈 때문에 싸움이 나고 깨지는 일이 많았어도 내가 총무를 맡은 모임은 그런 문제가 전혀 없었다. 자기 돈이 중하면 남의 돈도 중하다. 여러 사람이 모은 돈일수록 필요한 곳에 알뜰하게 써야한다가 내 원칙이었다. 그래서인지 내가 주도하는 계추모임은 2015년까지 계속된 것도 있다.

1991년 11월 계모임에서 놀러 갔을 때 단체버스를 배경으로 기념 사진 한 장. 우리나이 55세로 리어카장사에 한창일 때다.

하지만 나이가 많아지면서 하나둘 세상을 등진 사람들이 생기고, 건강이 나빠지면서 모임이 없어졌다. 이제는 장사하는 사람들의 계는 물론이고, 일가계까지 모두 깨졌다. 어쨌든 내가 놀러 다닌 것은 다 이런 모임을 통해서다. 돈이 모이면, 어려웠던 시절에는 계원들끼리 가까운 유원지로 가 마음껏 먹고 놀았고, 형편이 나아진 후에는 제주도 등 전국의 유명관광지로 놀러다녔다. 지금 돌이켜 보면 그나마 이것이 내 인생에서 신나게 놀았다고 할 수 있는 유일한 부분이다. 다만 그때 함께 다녔던 이들 중에서 지금 살아 있는 사람들이 많지 않다는 것이 아쉽다.

나는 옛날 사람이라 집안일에 소매를 걷어붙이고 나섰지만, 친구의 경우는 일부러 사람을 사귀는 스타일은 아니었다. 그나마 장사를 하다보니 같은 리어카쟁이 등 오랜 친구들이 생겼다. 이중 몇 사람만 소개한다.

나보다 10살이 많은 임 씨가 있었다. 이 사람도 나처럼 장사를 잘했다. 재주가 좋았다. 그런데 이런 사람들일수록 셈이 흐린 경우가 있다. 1980년으로 기억하는데 20만 원을 떼였다. 당시는 적지 않은 돈이었다. 처음에 10만 원만 급히 해달라고 해서 들어줬는데, 며칠 있다가 죽는 소리를 하며 다시 10만 원을 보태달라고 했다. 거절하지 못하고 빌려줬는데 이후 끝내 받지 못했다. 임 씨가 등창이 나서 장사를 못하게 됐고, 갚을 돈도 없다고 했다. 그래도 병문안을 가서 위로했다. 임 씨는 아들이 서울에서 경찰을 한다고 했는데, 이후 아들한테로 가서 소식이 끊겼다. 살아 있으면 90살을 훌쩍 넘겼을 텐데 명을 달리했는지 어떤지 모르겠다.

권 씨와 최 씨도 리어카쟁이였다. 이들과의 계는 장

사를 관둔 후에도 계속 됐는데 2015년 7월에 없앴다. 내가 총무를 맡았는데 이건 내가 깨자고 했다. 모이면 재미로 100원짜리 화투를 쳤는데 아무것도 아닌 일로 서로 성질을 냈고, 앙팡지게 싸웠다. 그래서 내가 나이 들어 이렇게 할 바에는 깨자고 한 것이다. 최 씨는 나보다 3살이 많고, 권 씨는 한두 살 적다. 참고로 나는 화투놀이는 섯다밖에 할 줄 모른다. 나이들이 있다 보니 고스톱 이런 거에는 재미를 붙이지 못했다.

최 씨는 안사람이 생선장사를 했는데 재미가 괜찮았다. 그래서 나이가 들면서 리어카장사도 우리들보다 먼저 관뒀다. 그런데 안사람이 살짝 중풍이 오면서, 일주일에 두 번 정도만 가게를 열고 일을 한다고 한다. 아직 사주는 사람들이 있으니 그렇게라도 일을 하는 것이다. 나이가 들어서도 하던 일을 계속하는 건 복이 많다고 할 수 있다.

권 씨는 젊어서도 오토바이 사고를 당했는데 2016년인가 또 사고가 났다고 들었다. 나보다 1년 먼저 리어카 장사를 그만뒀고, 아파트경비를 했는데 이제는 이것도 관두고 집에서 소일을 한다고 했다.

내가 주로 아는 사람들은 일가와 리어카쟁이들이다. 그런데 같은 또래라고 해도 일가사람들은 살아있는 사람보다 명을 달리한 쪽이 많은데, 리어카쟁이는 지금까지 두 명만 죽었다. 리어카를 해서 오래 사는 것 같다. 많이 걷는 사람은 당뇨 같은 생활습관병이 없다.

그래서인지 나도 나이에 비해 무척 건강하다. 혈압이 좀 높은 편인데 이건 나이가 들면 생기는 자연스러운 현상이라고 한다. 올해도 건강검진을 받았는데 작년처럼 약간 위염증세가 나왔다. 약을 먹으니 금세 괜찮아졌다. 콜레스테롤 수치가 조금 높은데 이것도 걱정할 정도는 아니라고 했다. 한 번은 병원에서 체력테스트를 했는데 팔굽혀펴기와 앉았다일어서기 등 간단한 동작을 했는데 간호사가 신체나이는 60대라고 했다.

어쨌든 젊어서 먹고살려고 원체 힘을 쓰고, 많이 걸은 것이 이렇게 도움이 될 줄은 몰랐다. 우리 때는 일을 너

계모임에서 부부동반으로 제주도 여행을 갔을 때. 이때 태어나서 처음으로 비행기를 타봤다.
위 오른쪽 끝이 나이고, 아래 왼쪽 끝이 안사람이다.

무 많이 하면 골병이 든다고 했는데 말이다.

　　친구들 얘기가 나온 김에 술 얘기도 보태야겠다. 리어카장사를 할 때도, 지금도 나는 막걸리를 즐긴다. 대구에서 혼자 살면서도 하루에 한두 통은 먹는다. 또 2016년 제주도 여행 때도 그렇고, 가족들과 어디를 놀러가면 막걸리를 사다가 틈이 나면 마신다. 혼자 먹으면 심심한 법인데, 둘째사위가 함께 술잔을 들어준다. 이렇게 가족들과 함께 놀러가서 먹는 막걸리는 아주 맛이 좋다.

장사를 할 때는 하루에 못해도 4~6병의 막걸리를 먹었다. 새벽 물건을 사기 전에 이미 한 병을 먹고, 하루 종일 돌아다니면서 짬이 나면 막걸리를 사서 먹었다. 밥은 안 먹어도 막걸리는 거르지 않았다. 막걸리 중독은 일이 힘들었기 때문일 것이다. 그렇게라도 해야 견딜 수 있었던 것 같다. 실제로 이 습관은 리어카 장사를 시작하면서 생겼다.

　이렇게 막걸리를 먹으니 저녁 집에 들어갈 때는 얼큰하게 취한 적도 많았다. 장사하러 다닐 때는 안 취하는데 이상하게도 집에 들어갈 무렵 마지막으로 먹는 막걸리는 금세 술기가 올랐다. 극도로 피곤한 몸에 술기운까지 있으니 집으로 들어가면, 주사까지는 아니지만 집사람과 아이들에게 무섭게 대했던 것 같다.

　이 막걸리 사랑은 그 양이 좀 줄기는 했지만 지금도 계속되고 있다. 맨 처음 장사할 때 막걸리는 병술이 나오기 전으로 되로 사서 먹었다. 한 되에 30원이었다. 병술이 나오면서 50원이 됐고, 지금도 1,000원 정도면 한 병을 먹으니 저렴해서 부담이 없다.

막걸리는 이렇게 먹어도 다른 술은 거의 먹지 않는다. 맥주는 예전 계추모임을 할 때 가끔 먹기는 했다. 소주는 영 입에 맞지 않아 안 먹는다. 주량은 제법 세다. 한 번 동촌유원지에서 계추모임을 하는데 어쩌다 보니 다른 사람들이 소주를 먹을 때 나 혼자 맥주 한 상자를 다 마시기도 했다.

더 옛날, 그러니까 우각동 시절로 가면 당시는 주로 밀주를 담가서 먹었는데 나는 일하기 바빠서 즐기지 않았다. 내 동생이 늦게 술을 배웠는데, 이것 때문에 고생이 참 많았다.

한자 할아버지와
파자놀이

2004년 말 36년 동안 해온 리어카 과일장사를 관뒀다. 나이(당시 68세)가 들면서 무거운 리어카를 끌고다닌 것이 힘에 부치기도 했고, 장사도 예전만 못했기 때문이다. 이후 집 근처 아파트의 경비로 취직했다. 실제로는 적지 않은 나이였지만 호적이 7살이나 적게 돼 있고, 외모도 젊어보였기 때문에 덕을 봤다.

이때 있었던 일이다. 나는 어렸을 때 우각의 한 서당에서 한문공부를 했고, 이후 장사를 하면서도 틈만 나면 한자를 익혔다. 옛날 사람이고, 또 한자로 적힌 옛사람들의 글귀를 좋아한다. 그래서 한자에 좀 밝다. 그런데 경비일을 하면 각종 일지 등 뭐를 적어야 할 일이 많다. 한자를 좋아하고, 또 한자를 사용하면 국문보다 더 짧으면서도 분명하게 표현할 수 있는 장점이 있기에 가끔 일지에 한자를 섞어 적었다. 별 생각 없이 이렇게 해왔는데, 언제가 주민 한 분이 "아저씨, 중국사람이에요?"라고 물어와 실소를 금치 못했다. 요즘 사람들은 한자를 읽는 것도 서투니 그럴 만도 하다는 생각이 들었다.

한자 얘기가 나왔으니 말인데, 나는 원래 꼭 필요한 말만 하고 살아온 까닭에 농담 같은 건 잘 할 줄 모른다. 우스갯소리 같은 건 젬병이다. 살면서 거의 그럴 일이 없지만 가끔 농담을 해야 하는 상황이 되면 이것도 한자를 이용한다. '파자놀이'라고 하는데 옛날 선비들이 한자가 가지고 있는 특성을 이용하여 재미있는 글이나 말을 만들어 논 것을 좋아한다.

예컨대 이런 것이다.

南山有田邊土落(남산유전변토락)

古木有鳩鳥先飛(고목유구조선비)

한시의 형태를 띠고 있는 이것을 그대로 해석하면 '남쪽 산에는 밭이 있는 데 가장자리의 흙이 떨어져나가고, 오래된 나무에 기러기가 있는데 새가 날아갔다'이다. 마치 풍경을 묘사하는 듯하다.

하지만 다음과 같은 유래를 알면 이게 아주 재미있다. 어떤 선비가 길을 가는데, 미색이 고운 처녀가 지나가는 것이 보였다. 선비는 처녀의 나이를 알고 싶어 "너의 나이가 몇 살이냐?"고 물었다. 위 한시는 그때 처녀가 한 대답이다.

南山有田邊土落에서 핵심은 밭 전(田) 자에서 밭뚝이 떨어져 나가면 열 십(十)자만 남는다. 또 古木有鳩鳥先飛에서(어떤 사람은 古木 대신 海邊을 쓴다) 비둘기 구(鳩)에서 새를 날려보내면 아홉(九)가 남는다. 처녀는 자신의 나이 19살을 이렇게 운치있게 표현한 것이다.

이런 파자놀이는 음담패설에 가까운 농염한 것도 있다. 그나마 점잖은 것을 소개하면 이렇다.

한 총각이 이웃에 사는 양반집 규수에게 연정이 생겼다. 양반 체면에 말도 못하고 혼자 끙끙 앓다가 규수의 마음을 떠보기 위해 아래와 같은 한 줄 편지를 보냈다.

左糸右糸中言下心(좌사우사중언하심) – 글자 모두를 조합하면 사모할 연(戀)이 된다. 즉 '사랑합니다'는 뜻이다.

며칠 후 규수로부터 답변이 왔다. 총각의 지혜를 테스트하기 위한 수수께끼 같은 답장이었다.

岑上豈有山(잠상기유산) – 잠(岑) 자 위에 어찌 산(山)字가 있느냐?(없어야 한다). 그래서 오늘 금(今) 자가 된다.
昊下更無天(호하갱무천) – 호(昊) 자 아래에 또 천(天) 자가 없다. 이건 날 일(日) 자가 된다.

腋中半月橫(액중반월횡) – 액(腋) 자의 반인 월(月) 자를 덮어가린다. 이러면 밤 야(夜) 자.

木邊兩人開(목변양인개) – 나무 곁에 두 사람이 (마음을)열다. 이건 올 래(來) 자를 만든다.

결론은 '오늘 밤 오세요(今日夜來)'라는 뜻이다. 이를 겨우 해석한 총각은 얼씨구나 하며 四線下口(사선하구), 牛角不出(우각불출)이라 써 답신을 보냈다. 네 개의 줄 아래 입 구(口)는 말씀 언(言) 자가 되고, 소의 뿔이 나오지 않았다(牛角不出)은 낮 오(午) 자가 되니, 합쳐서 허락할 허(許) 자를 만든다. 곧 "좋아요"라고 화답한 것이다.

오랜 친구 리어카,
새 친구 자전거

종종 사회적으로도 큰 이슈가 되곤 하는데, 아파트 경비일도 나름 애로가 많다. 워낙에 고된 리어카 장사를 오래한 까닭에 육체적으로 힘든 것은 견딜 수 있지만, 이래저래 신경을 쓰고 마음을 상하는 일이 생긴다. 사람이라는 게 말 한 마디에 천냥 빚을 갚고, 거꾸로 평생 한이 맺히기도 하는데 말이다.

어쨌든 여차저차 해서 경비일을 관둔 후 집에서 자전거로 20분 정도 걸리는 수성랜드라는 놀이공원에서 일주일에 3일씩 청소일을 했다. 물론 자식들은 이제 고된 일 제발 좀 그만하라고 했다. 내가 괜찮다고 해도 안사람의 병원비

와 용돈 및 생활비로 돈도 보내왔다. 하지만 평생을 몸으로 일해서 먹고살았고, 움직일 수 있다면 뭔가 벌이를 한다는 게 내가 사는 방식이다.

그리고 일을 안 한다고 달리 할 일도 없다. 죽으라고 일만 한 까닭에 나는 노는 것을 모른다. 계추 회원들과 어디를 다니는 것이 전부였다. 시간이 나면 한문이나 들여다보고, TV로 야구를 보는 정도지 취미 같은 게 없다. 예컨대 극장을 가본 것은 평생 딱 두 번 있는데, 모두 군대생활을 할 때였다. 친구라고 할 만한 사람들은 저세상으로 가 버린 사람들도 많고, 건강도 좋지 않아 만나기도 쉽지 않다. 계모임마저 없어졌으니 일을 하지 않으면 남은 시간에 딱히 할 일도 없다. 여기에 안사람마저 먼저 세상을 떠났으니 일이 없으면 그만큼 심심할 뿐이다. 나는 장사를 할 때 쓰던 리어카를 아직 갖고 있다. 경비일을 할 때도, 청소일을 할 때도 시간이 나면 이 리어카로 주변을 돌면서 폐지를 모았다.

청소일을 시작하면서 자전거를 배웠다. 출퇴근용 교통수단으로 제격이었기 때문이다. 배울 기회가 없어 탈 줄 몰랐는데, 70을 훌쩍 넘긴 나이에, 남들은 이제 그만 탈 때쯤 나는 필요에 의해 자전거를 타게 된 것이다. 여담이지만 물론 나는 운전면허도 없다. 나라 경제가 커지면서 리어카쟁이들 중 여럿이 운전을 배워 트럭으로 바꿨지만 나는 그러지 않았다. 남들이 아무리 좋다고 해도, 내가 지금 하는 것에 큰 불편이 없으면 하던 대로 하는 스타일이기 때문이다. 나보다 못한 사람들이 자동차를 사도 개의치 않았다.

몇 번 넘어지기는 했지만 금세 자전거를 배웠다. 그리고 지금까지 자전거를 아주 유용하게 쓰고 있다. 겨울철 추운 날은 새벽에 자전거를 타고 다니는 것이 쉽지 않은 일이지만 그 외에는 차비도 들지 않고, 건강에도 좋으니 아주 유용하다. 쉬는 날 가끔 자전거를 타고 혼자 조금 멀리 원족을 다녀오기도 한다.

청소일을 하면서 겪은 두 가지 이야기도 남겨놓고 싶다. 먼저 '경당문노'다. 이 얘기는 2016년 제주도 가족여행 때 이동하는 차 안에서 무슨 얘기를 하다가 자연스럽게 말했는데, 자녀와 손주들이 귀담아듣고는 책에 꼭 담으라고 했다.

 뭐 대단한 얘기가 아니다. 공원 내 음식점 근처에 큰 쓰레기통이 있는데, 새로 온 관리자가 위치가 잘못됐다며 다른 곳으로 옮기라고 했다. 그런데 이게 영 옳지 않은 지시였다. 실제로 새 위치로 해놓으니 쓰레기를 모은 것도 힘들어지고, 원래 있던 자리에 쓰레기가 쌓이는 등 부작용이 더 컸다. 이에 내가 관리부를 찾아가 자초지종을 설명했다. 그러면서 '경당문노(耕當問奴)[05]'라는 옛말을 인용했다. "경당문노라는 말도 모릅니꺼? 농사일은 머슴에게 물어야 하는 법이고, 쓰레기통 위치는 청소하는 사람들이 가장 잘 압니다. 위에서 묻지도 않고 막 결정해버리면 안 되지요." 다행히 처음에는 고압적이었던 새 관리자도 자기 실수를 인정했고, 쓰레기통은 원 위치로 돌아왔다. 이 얘기를 듣고, 두 딸과 사위들은 크게 웃었다. "아버님, 잘못된 거 바로 잡는 건 좋은데요, 그렇게 어려운 말 쓰시면 사람들이 못 알아

---

[05] '경당문노 직당문비(耕當問奴 織當問婢)' 밭 갈 경, 마땅할 당, 물을 문, 종 노, 짤 직, 계집종 비. 농사짓는 일은 머슴에게 물어야 하고, 베를 짜는 일은 계집종에게 물어야 한다. 즉 어떤 일이든 그 일을 하는 해당 분야 전문가의 의견이 중요하다는 뜻이다.

듭습니다. 경당문노는 많이 배운 저희들도 몰라요. 하하." 맞다. 청소나 하는 할배가 어려운 문자를 써 가며 항의한 것이 젊은 사람들에게는 웃음이 날 수도 있었을 것이다.

어쨌든 나는 과묵하고, 쓸데없는 얘기는 하지 않지만 가끔 온당치 못한 일은 나서서 따지기도 한다. 두 번째 일도 비슷하다. 이것도 자녀들에게 얘기하니, 잘 하셨다는 격려를 들었다. 대구시가 소유한 수성랜드는 안에 매점이 있다. 다른 곳도 마찬가지지만 민간상인들이 위탁운영을 한다. 그런데 수성랜드가 직영으로 오뎅 같을 걸 파는 매점을 설치했다. 먼저 이건 도리가 아니다. 이렇게 하려면 위탁운영을 주지 말았어야 하는 것이다. 그리고 여기에 직원들이 근무했는데, 아무래도 원래 하던 일이 아니니 입이 나오고 서비스도 별로였다. 그래서 관리자들을 마주치자 이 얘기를 했다. 매점으로 수성랜드가 얼마나 큰 이익을 보는지 몰라도 이래서는 안 된다고. 다른 상인들 불만이 크다고. 또 마지못해 매점을 운영하는 직원들도 불만이 많다고. 결국 이 직영매점은 얼마 후 없어졌다. 이거 얘기할 때는 특별히 어려운 한자말을 쓰지 않았다.

80이 넘어 생긴 취미, 서예

2018년 4월 1일부터 수성랜드의 청소일을 그만뒀다. 그날은 집사람이 세상을 떠난 날이었다. 낮에 집사람의 상태가 좋지 않다는 연락이 왔고, 급히 자녀들에게 연락을 했다. 안강에 있는 큰딸 위숙과 세종의 경미가 차례로 내려왔고 초저녁, 내가 잠깐 집에 다녀오는 사이 집사람은 눈을 감았다.

집사람이 다니던 교회의 도움을 받아 장례를 치렀다. 참고로 집사람의 상을 치를 때 아내가 권사로 재직했던 수성로교회 분들의 고생이 많았다. 특히 목사님에게 감사했다. 장례를 마친 후 딸들에게 수성로교회로 예배를 드리

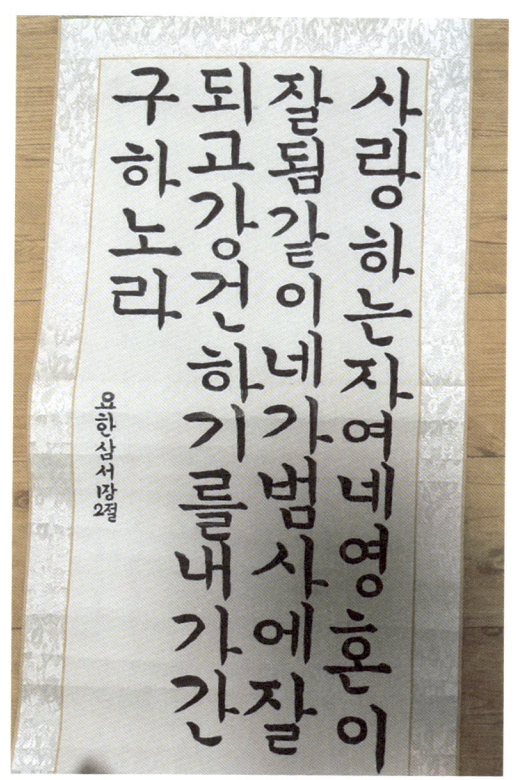

큰 딸 위숙에게 전달한 성경말씀 표구. 대단한 것은 아니지만 늘그막에 서예를 배워 내 글씨를 자녀들에게 남기게 된 것은 참 기분 좋은 일이다.

러 가자고 부탁했고, 날을 잡아 주일날 떡을 한 되 해서 교회를 찾아갔다. 감사헌금을 전달하고 예배 후 목사님과 한참 얘기를 나누다가 집에 왔다. 교회에 나오시라는 얘기에 나는 "예수님이 싫어서 교회 안 나오는 게 아니고, 교회의 절차가 우리 예법에 어긋나는 게 많아 조상들한테 미안해서 그렇다"고 답했다. 2019년 2월에는 큰 딸 위숙이 다니는 교회의 입당예배에 참석하기도 했다.

장례절차를 모두 마친 후 수성랜드 쪽에서는 계속

일을 하라고 했지만, 나는 더 이상 일을 하지 않기로 했다. 자녀들이 제발 힘든 일은 하지 말라고 입을 모았기 때문이었다.

포항중학교를 마치고 농사일에 뛰어든 이후 군대생활을 제외하면 먹고살기 위해 무엇이든 해왔다. 수성랜드 청소부는 대단한 일은 아니지만 어쨌든 정기적인 일이 없어지니 허전했다. 리어카 장사 때의 습관이 있어서 수성랜드 일을 할 때도 비번인 날은 새벽에 일어나서 국민체조를 하고, 운동 삼아 자전거를 타고 나가는 등 나름 규칙적이고 부지런한 생활을 했다. 당연히 일을 관둔 후에도 비슷한 생활패턴을 유지했다.

독거노인이 되고 나니 자녀들이 걱정이 되었는지 뭐라도 취미생활을 하라고 성화였다. 평생 취미 같은 건 가져본 적이 없어 어떻게 해야할지 몰랐는데, 위숙과 경미가 수성구에 위치한 노인복지관 등을 알아보더니 "아버지는 한문도 잘 아시고 하니 서예 한 번 해보세요"라고 추천해왔다.

장례를 마치고 얼마 안 있어 노인복지관의 서예반을 알아봤는데, 빈자리가 없었다. 신청만 하고 기다리는데 8월께 자리가 났다고 연락이 왔다. 월수금 일주일에 3번 나가는데, 오전반과 오후반 중 나는 오후반을 택했다. 홀로 점심을 먹고 20분 정도 자전거를 타고 가 3시간가량 붓글씨를 쓰다가 오곤 했다.

서예는 처음에 기초강좌를 보고, 그걸 바탕으로 혼자 연습하는 방식이었다. 또 일주일에 한 번씩 기본글씨체를 잡아주는 사람이 오고 이때 개인지도를 받을 수 있다. 개인지도는 한 8자 정도를 써주는 형식이다. 내 경우는 기본글씨체를 두 번 받았는데, 강사 분이 "어르신은 글씨체가 좋아서, 제가 써주는 것보다 책 보고 혼자 쓰시는 게 좋을 것 같습니다"라고 했다. 그래서 이후 대부분 시간을 혼자 한자와 한글로 붓글씨를 쓰며 시간을 보낸다.

딸들의 성화에 마지못해 시작했지만, 서예는 노년에 정말 잘 구한 취미인 듯싶다. 한자공부를 좋아하는 나에게 제격이고, 특히 내가 말이 별로 없고, 부러 사람을 사귀는 타입이 아닌 까닭에 혼자 집중하는 서예가 아주 좋다. 노인복지관의 서예반에는 50명이 넘는 노인들이 있는데, 90세를 넘긴 사람도 있고, 서예반만 30년 넘게 다닌 사람도 있었다. 그러니 글씨를 참 잘 쓰는 노인들이 몇몇 있었다. 노인들의 작품을 벽에 죽 걸어놓았는데, 나도 더 연습을 해서 좋은 글씨를 쓰고 싶다는 생각이 들기도 한다.

서예는 2020년 1월 코로나19사태가 터지면서 상반기 내내 다니지 못했다. 특히 내가 사는 대구가 코로나 사태 초반 큰 피해가 있었기에 서예는커녕 집밖으로 나가는 것조차 최소화했다. 코로나 사태가 진정되면 내 경우 가장 먼저 재개해야 할 일이 서예다. 물론, 코로나로 집밖으로 나가지 못하는 시기, 서예는 내가 시간을 보내는 데 아주 유익한 취미생활이 됐다. 집 곳곳에 한자와 한글로 된 좋은 글귀들을 걸어놨는데, 한 번은 큰 딸 위숙이 표구를 몇 개 사와 글을 써달라고 해, 큰 딸과 작은 딸에게 성경말씀을 담은 표구를 전달했다.

2019년 9월부터는 역시 딸들이 알아봐준 노인돌봄서

비스를 받고 있다. 자세한 건 모르겠지만 나라에서 일주일에 두 번, 간단한 청소 등 가사일을 돕는 분들을 내 집으로 보내오는 서비스였다. 2019년에는 70대 할머니 두 분이 오셨는데, 이것도 2020년 코로나 사태가 터지면서 중단되었고, 2020년 6월 재개됐다.

서비스를 받는 나도 노인이고, 서비스 하는 분들도 노인인 까닭에 청소는 1시간 정도 간단히 하고, 주로 이야기를 나누다가 간다. 아직 내가 건강한 까닭에 두 분 중 한 명의 일이 시원치 않으면 직접 하는 경우도 있다.

2020년 6월 이 서비스가 재개되면서 사람이 바뀌어 82살 할머니와 70대 할머니가 우리집으로 배정됐다. 코로나 전에 오시던 분들이 바뀐 것이다. 그런데 이 82살 할머니 분의 성격이 아주 좋았다. 나보다 2살 어린 격인데, 86살 먹은 남편과 아직도 함께 살고 있다고 했다. 자기가 동생이라며 "오빠야"라고 농 삼아 부르곤 하는데 한 번은 "오빠야, 내가 혼자 사는 할머니들을 몇 명 아는데, 소개시켜줄게"라고 말을 걸어왔다. 커피숍에 가서 차 한 잔 하며 만 나보라는 얘기였다.

내가 "태어나서 커피숍을 한 번도 가 본 적이 없는데, 80이 넘어 다른 할머니를 만나러 거기까지 가는가?"라고 했더니 이 할머니가 "정말, 커피숍을 가 본 적이 없느냐?" 며 희한한 사람 다 봤다는 반응을 보였다. 당연히 얼굴도 모르는 할머니를 보러 커피숍에 나간 일은 아직 없다.

그러고 보니 나는 해외를 가 본 적이 없어 여권도 없고, 차를 가진 적도 없고, 그 흔한 다방(커피숍) 한 번 가지 않은 노인네인 것은 분명했다.

유사자연향
하필당풍림

이 책을 위해 내 구술을 받아적던 사위한테 질문을 여러 개 받았다. 끝으로 그중 몇 가지를 소개한다. 먼저 '살면서 가장 기뻤을 때'이다. 아무리 죽도록 일에 시달렸다지만 팔십 세월을 살았는데 크고작은 기쁜 일이 얼마나 많았겠는가? 오히려 힘들게 살았으니 작은 기쁨도 더 크게 느껴질 수 있다.

어려서는 공부를 잘해 칭찬을 받고, 포항중학교를 차석으로 졸업했으니 그 성취감이 좋았을 것이다. 남들보다 늦었으니 장가를 간 것도 그렇고, 딸-아들-딸-아들 순으로 건강하고 착한 아이들을 줄지어 얻은 것도 그렇다. 여기

1989년께의 가족사진이다. 군입대한 큰아들 도경이 빠졌다.

에 대구로 나와 먹고살 걱정이 태산 같을 때 개간일을 잘 마쳐 밀가루 포대를 집에 들여 놓은 것, 내 집을 처음으로 사고, 대구 중동에 마당이 딸린 큰 집칸을 마련한 것…. 가만히 보면 좋은 일도 참 많았다.

그중 딱 하나를 꼽는 게 쉽지 않지만 굳이 해야만 한다면 아이들이 착하고 성실하게 자라 서울의 좋은 대학교에 줄지어 입학했을 때를 꼽고 싶다. 1989년에 작은 딸 경미가 서울대학교 독어독문학과, 큰아들 도경이 경희대학교 법학과에 합격했다. 그리고 3년 뒤인 1992년 막내아들 도화가 서울대 금속공학과에 들어갔다. 입시가 치열했던 시절 엄한 아버지 밑에서 비싼 음식, 좋은 옷 같은 것은 누려 보지 못한 아이들이었다. 과외는커녕 학원도 다니지 않았다. 먹고살기 바빠 부모가 공부와 학교생활에 전혀 신경을 쓰지 못했다. 그런데도 아이들이 공부를 열심히 했다. 동네에 소문이 날 정도로 성적이 뛰어났고, 특히 서울대에 둘이나 합격하자 주위에서 많이들 놀랐다. 큰아들 도경이도 법대만 고집하지 않았다면 서울대에 충분히 들어갈 수 있는 실력이었다.

어쨌든 언제부터인가 칠성시장에 가면 잘 모르는 사람들까지 "저 영감 애들이 공부를 그렇게 잘한대, 서울대를 둘이나 들어갔다네!"라며 자기들끼리 말하는 게 내 귀에 슬쩍슬쩍 들리기도 했다. 나야 말을 잘 하지 않으니 그런 경우가 많지 않지만, 교회도 다니고 사람들도 잘 사귀는 집사람은 "어떻게 하면 애들이 공부를 그렇게 잘하느냐?"는 말을 수도 없이 들었다.

이런 일도 있었다. 중동집에 살 때 뒷집에 동네반장이 살았는데 사람이 좀 못됐다. 우리집보다 땅이 넓어 한 100평쯤 됐는데, 우리집과 자기 집 사이에 밭을 만들어놨다. 우리가 방을 한 칸 냈는데, 비가 오면 처마에서 물이 그쪽 밭으로 떨어졌다. 물받이를 해놨는데도 그런 일이 발생했다. 이것 때문에 그집 여자가 악을 쓰며 달려들고, 큰아들은 쥐어뜯기도 했다. 우리는 항상 인사를 잘하는데 그쪽은 옳게 인사도 안 받고 흥 하며 가버리곤 했다. 언행이 참 고약했다. 그런데 작은딸이 서울대에 합격한 후 대번 달라졌다. 먼저 와서 인사하고, 심지어 이웃사촌이라며 살갑게 대했다. 작은 아들까지 서울대에 합격하자 그 정도가 더 심해졌다. 자기보다 못한 사람 구박하고, 잘난 사람에게는 알랑거려서는 안 된다.

어쨌든 아이들이 잘 된 것이 참 좋았다. 2000년 막내 도화가 공인회계사 시험을 전체수석으로 합격할 때도 또 한 번 소문이 크게 났다. 그런데 내가 보기에는 이렇다. 똑똑한 거야 자기들이 공부를 열심히 해서 그런 것이고, 또 찾아보면 세상에 똑똑한 사람들은 참 많다. 나는 이것보다 우리 애들이 양심적이고, 도에 지나친 욕심을 부리지 않고, 성실하다는 인성을 갖춘 것이 참 자랑스럽다. 어디에 갖다 놓아도 우리 애들은 결코 욕을 먹지 않을 것이다. 그렇게 자라줘서 정말 고맙고, 이게 더 자랑스럽다. 서울대학교를 나와, 고시를 붙고, 돈과 권력이 많으면 무엇하는가? 그런 사람들이 못된 짓 하고, 그래서 감옥에 가고 그런 일들이 신문에 얼마나 자주 나오는가?

참고로 "살면서 가장 힘든 때는 언제였냐?"는 질문도 받았는데. 이건 답하지 못했다. 정말 하나를 꼽기가 힘들었다. 나이 팔십이 되면 힘들었던 거는 생각이 잘 나지 않는다. 아니, 어쩌면 힘든 일이 너무 많아서 그런지도 모르겠다. 일단 앞서 여러 차례 언급했지만 시골 농사일은 상상을 초월할 정도로 힘든 적이 많았다.

정신적으로 힘든 것은 1968년에 대구에 올라왔을 때가 기억난다. 이사를 한 후 큰아들(도경)이 막 태어났다. 처갓집 덕에 식구들이 누울 공간은 있었지만 먹고사는 게 참

막막했다. 촌에서는 작은 땅이나마 농사일이라도 열심히 했지만 도회지에서는 뭐든 해야 했다. 나는 이것저것 가리지 않고 막노동을 나갔고, 집사람은 그 뜨거운데 영대로타리까지 나가 냉차장사를 했다. 아침녘에 나가면 저녁에 들어왔다. 집에 콩나물 시루를 놓고 그걸 키워서 영덕시장 길가에서 팔기도 했다. 농사일도 힘들었지만, 돈을 벌기 위해 대구에 올라온 직후 우리 부부는 많은 고생을 했다. 당연히 없는 살림에 애들도 고생이 심했다. 장사가 자리가 잡히고, 중동에 큰 집을 사오면서 고생이 덜해지기는 했지만, 내가 워낙 꼭 필요한 데만 돈을 썼기 때문에 외식이나, 옷 같은 건 가족 모두 누리지 못했다. 나라 전체적으로 봐도 내 또래는 어려서 전쟁을 겪고 입에 풀칠하느라 바빴기에 호사를 누릴 처지는 아니었다. 그래서 가장 힘든 순간을 꼽기가 다들 힘들 것이다. 오죽하면 군대시절이 가장 편했을까 싶다.

끝으로 글을 받아적던 사위가 "제 집사람이 아버님 닮은 거 같아요. 아무리 점잖은 사람이라도 가끔 잘난 척도 하고, 허세도 부리고 합니다. 아버님은 정말이지 영 그런 게 없어요. 이런 건 어떻게 생각하세요?"라고 물어왔다. 참 맞는 얘기다. 우리집 사위가 된 지 오래되니 이런 것까지 보는구나라는 생각이 들기도 했다. 이에 대한 내 대답은 이랬다. 조금도 고민하지 않고, 마치 물어보기를 바란 것처럼 나는 말했다.

"유 서방, 내 우각에서 어렸을 때 한문공부했다고 켔지. 명심보감에 보면 유사자연향 하필당풍립(有麝自然香 何必當風立)[06]이라는 말이 나온다. '사향이 있으면 저절로 향기가 풍길 것인데, 어찌하여 꼭 바람을 마주하고 서 있다는 말인가'라는 뜻이재. 인품이 고상하고 학덕이 높으면 가만히 있어도 언젠가는 주위사람들이 저절로 알게 될 것인데 무엇하러 일부러 잘난 체, 아는 체, 자랑할 필요가 있나? 물론 이게 말처럼 쉽지는 않지. 하지만 제대로 된 사람은 그렇게 살아야 헌다."

실제로 내가 리어카 장사를 하면서, 국무총리 저축상

---

[06] 명심보감 성심편에 나온다.

을 받을 정도로 돈도 좀 벌고, 아이들도 줄지어 명문대학에 가고, 막내아들이 국가시험에서 수석을 하고 좋은 회사의 높은 자리에서 돈을 잘 벌어도 나는 누가 묻지 않으면 이런 거 얘기 안 한다. 그런 거 얘기해서 대우를 받으려고 하기는커녕 오히려 내가 할 도리는 말없이 철저하게 한다. 그러면 내 잘난 거 알 사람은 다 알고 다 인정한다. 먼저 돈을 빌려주겠다고 하고, 아이들 부럽다고 하고, 존경한다고 한다. 지금도 우각에서는 이석철 하면 다 인정한다. 아직도 나는 가만히 있는데 꼭 주위에서 먼저 내 얘기를 꺼내는 사람들이 있다. 나는 지금까지 그렇게 살아왔다.

• 다음에 나온 4개의 글은 이석철의 4자녀가 '내가 본 우리 아버지'라는 주제로 쓴 글이다.

•• 이 4개의 글은 책이 나올 때까지 저자 이석철 아버지는 읽지 않으셨다. 〈편집자 주〉

2부

내가 본 우리 아버지

무서운 아버지의 변화

이위숙 [07] 큰딸

아버지를 두 개의 모습으로 설명하고 싶다. 내가 자라면서 본 아버지와 지금의 아버지로 말이다. 먼저 전자는 너무나 엄하시고, 과묵하셨다. 아버지와 편하게 대화를 한 적이 한 번도 없었다. 무슨 얘기를 하려고 하면 아버지는 나름 확실한 생각(어찌 보면 고정관념)이 있어 아예 들어줄 의향이 없으셨다. 꾸중부터 나오곤 했다. 그래서 나를 비롯한 자식들은 겁을 먹고 아예 대화를 하지 않았다.

이것을 제외하면 우리 아버지는 한 가정의 가장으로

---

[07] 위숙이라는 이름이 독특한데, 그때만 해도 시골에 딸아이 이름은 대충 지었다고 한다. 전해 듣기로는 내가 외가에서 태어났는데 외가를 우각동에서는 위숙이라고 불렀다고 한다. 그게 절로 내 이름이 된 것이라고.

2016년 제주도 여행 중 한 수족관에서 큰딸 위숙(왼쪽), 작은딸 경미와 함께 사진을 찍었다.

서 너무나 부지런하고, 책임감이 강했다. 부모들이 다 비슷할 것 같지만 이 점에서 우리 아버지 같은 사람을 보지 못했다. 당신은 힘들고 손해를 봐도, 절대로 다른 사람에게는 폐를 끼치지 않았다. 바르고 정직하다. 법 없이도 살 사람이라는 표현은 우리 아버지 때문에 생겨난 말인지도 모르겠다. 이건 지금까지도 변함이 없다.

'무서운 아버지'는 내가 시집을 간 후에도 계속됐다. 나는 주로 엄마하고 대화를 했다. 아버지 하고는 결혼을 하고, 나도 아이들을 키우면서도 얘기하기가 힘들었다. 워낙 말을 붙여주시는 타입이 아니니 나로서는 말을 거는 것 자체가 힘들었다.

자라면서 아버지는 우리 엄마와 자식들에게 엄했다. 특히 신앙적인 핍박이 심했다. 이 때문에 엄마가 많이 힘드셨고, 우리는 이걸 보고 자랐다. 교회를 못 가게 하고, 몰래 갔다가 적발이 되는 날은 아버지가 무섭게 엄마를 혼냈다. 또 집안의 경제권도 아버지가 꼭 쥐고 있으면서 당신이 꼭 필요하다고 판단되는 일 외에는 일절 돈을 내주지 않았다. 이것도 엄마나 우리가 힘들었던 부분이다. 어렸을 때는 아버지가 정말 많이 무서웠다.

그런데 지금의 아버지는 완전히 달라지셨다. 자연스레 그렇게 된 것이 아니다. 2014년 12월 엄마가 길거리에서 쓰러진 것이 계기였다. 이후 정말 많이 변하셨다. 예컨대 교회에 대한 얘기를 해도 일단 들어주신다. 심지어 혹시나 하는 심정으로 권했던 성경필사도 정말 열심히 하셨다. 예전에는 당신이 이미 결론을 내린 일에 대해서는 자식들이 어떻게 얘기해도, 단호하게 "안 한다"고 하셨는데 말이다. 지금은 처음에는 "냐둬라"라고 하셨다가도 설득력 있게 얘기하면 들어주시는 일이 많다.

요즘 나는 아버지한테 이틀에 한 번씩 전화를 한다. 팔십을 넘긴 노인이 혼자 살고 있으니 특별한 일이 없어도 안부를 묻는 것이다. 그런데 이 대화가 신기하다. 엄마가 쓰러지기 전에는 상상도 못했던 일이다. 내가 식사는, 반찬은 어떻게 해 드셨는지 물으면, 당신이 차려서 먹은 것을 시시콜콜하게 다 설명하신다.

"국이 없어서, 시금치를 사다가 끓여 먹었다. 그런데 내가 끓이면 이상하게 네 엄마가 끓인 것에 비하면 맛이 없다."
"아버지, 마늘 넣으셨어요?"
"아이다. 넣지 않았다."
"그러니까 맛이 없지요."

오래된 친구들이 나눌 법한 소소한 대화가 계속 이

어진다.

하시는 일(놀이공원 청소)을 물어도 "이제 낙엽이 지기 시작하는데 그러면 너무 힘들다. 여름 봄은 괜찮은데 낙엽이 떨어지는 가을과 눈이 오는 겨울은 힘들다. 다른 영감이랑 둘이 하는데 치워놓아도 바람이 불면 금세 그 자리에 낙엽이 뒹군다. 정말 일이 많아지면 수성랜드에서 아르바이트생을 붙여주는데 그래도 힘들다. 하루 종일 낙엽을 쓸어도 모자란다"라고 길게 말하곤 하셨다.

확실한 것은 그 과묵하신 분이 지금은 뭐라도 얘기를 하고 싶어한다는 점이다. 당신이 그렇게 말한 적은 없지만 내가 확실히 그렇게 느낀다. 오히려 내가 듣고, 아버지가 말을 많이 하는 경우도 많다. 뭐 특별히 중요한 일도 아닌데 말이다. 또 그러다 보니 나도 이제 아버지에게 말을 편하게 할 수 있다. 어렸을 때의 그 무서움은 사라졌다.

나는 이런 변화를 엄마의 선물이라고 생각한다. 처음 엄마가 쓰러졌을 때는 아버지 원망도 많이 했다. 엄마가 건강할 때 아버지가 워낙 스트레스를 많이 줬고, 그게 쌓이다 보니 엄마가 머리쪽에 병이 난 거라고 말이다. 한창 장사를 할 때 꼭두새벽에 일어나서 하루 종일 리어카를 끌고 다니면 엄청 피곤하다. 술로 이기려고 막걸리를 마시니 취해서 집에 들어오면 그 고단함을 엄마에게 스트레스를 풀었다. 우리는 그걸 보고 자랐고. 평생을 이렇게 살았으니 엄마가 아플 법도 하지 않은가.

그런데 지금은 원망 같은 거 없다. 속죄를 한다고 해도 충분히 하셨다는 생각이 든다. 아버지는 매일 병원으로 엄마를 찾아갔다. 가서 엄마의 몸 구석구석을 주무르고, 자기 방식으로 인지테스트를 했다. 천원, 오천원, 만원짜리를 꺼내 어떤 것이 더 크냐고 묻는다. 또 우리 사남매가 사는 곳이 어디냐, 누구네는 자식이 어떻게 되냐, 이런 걸 묻었다. 엄마가 돌아가실 때까지 3년여 동안 하루도 빠짐없이 한결 같았다.

한 번은 아버지가 주머니에서 낙서처럼 아무렇게나 선이 그어진 종이를 한 장 꺼내 보여줬다. 병원에 갈 때마다 엄마가 그나마 움직일 수 있는 손으로 글씨를 쓰게 시킨다고 했다. 그 종이였다. 아버지는 이 종이를 항상 품에 넣고 다니셨다. 그러다 혼잣말 비슷하게 "쓰는 게 영 예전만 못하다. 나아지지는 못할망정 왜 더 못해지냐"라고 하셨다.

이런 걸 본 병원의 간병사들이 내게 여러 번 이런 말을 한 적이 있다. "있잖아요, 할아버지 정말 대단해요. 매일 와서, 매일 똑같은 질문에 똑같은 테스트, 똑같은 글쓰기를 그렇게 할 수가 있어요? 저희가 여기 오래 있어봐서 아는데 이렇게 하는 분이 없어요. 감동이에요. 할머니가 복이 많아요." 묻지도 않았는데 자신들이 놀랐다며 이렇게 말할 정도면 자식들이 못 보는 사이 아버지가 아픈 엄마를 얼마나 철저하게 돌보는지를 알 수 있다. 마치 예전 우리 6식구를 먹여살리기 위해 그렇게 지독하게 일을 했던 것처럼 말이다.

아버지한테는 얘기하지 못했다. "아버지가 지금 하시는 거, 엄마한테 대한 미안함을 아버지식으로 표현하는 거죠? 당신이 과하게, 못되게 했던 거를 속죄하듯이 말이죠.

큰딸 위숙이가 고등학교 시절 찍은 사진.

제가 그 마음 다 압니다. 저도 더 이상 무서운 아버지를 원망하지 않아요"라고.

처음에는 아버지에 대해 어떻게 글로 쓰나 고민했는데 쓰다보니 많이 길어졌다. 끝으로 한 가지는 꼭 언급하고 싶다.

큰딸 위숙이 중학교를 졸업할 때. 왼쪽이 안사람, 오른쪽은 큰아들 도경이다.

아버지 더 이상 저한테 미안해하지 마세요. 그리고 엄마한테 어떤 마음을 갖고 계시는지도 이제는 잘 압니다. 부디 여생은 더 고생하지 마시고, 하고 싶으신 것 다 하시면서 시간 보내세요. 자식들 손주들 보고 싶은 만큼 실컷 보고, 함께 놀러도 많이 다니고요. 정말 감사해요. 아버지.

마음속 가장 깊은 곳에 계신 분

이도경 큰아들

큰아들 도경

아버지, 세상에 아버지 아들로 태어나서 무척 행복하고 자랑스럽습니다. 당신이 한평생, 오직 가족을 위해 희생하고 헌신하신 것 너무나 잘 알고, 감사드립니다. 이제 남은 생, 늘 주님의 축복과 평화가 함께 하셨으면 좋겠습니다. 언제나 제 마음 가장 깊은 곳에 계신 분, 아버지입니다. 사랑합니다.

아버지의 돈주머니

이경미 둘째딸

작은딸 경미.

언니와 오빠, 남동생에게 아버지가 어떤 모습으로 기억되는지 잘 모르겠지만 아마 이 한 가지는 모두 같을 것 같다. '무서운 아버지'. 얼마 전 처음으로 아버지 모시고 제주도로 여행을 갔을 때, 언니가 아버지께 "그때 왜 그렇게 우리한테 무섭게 하셨어요"라면서 따지듯이 물은 적이 있다. 형부는 옆에서 '처제, 언니 술 먹었나?' 했지만, 나는 솔직히 언니 말에 백 번 공감했다. 딱히 대답을 듣겠다는 것도 아니고 아버지로서도 똑 부러지게 내놓을 대답이 없을 것이라는 것을 알지만, 나도 언니처럼 따져 묻고 싶었다. 그때 왜 그렇게 무서웠냐고. 아니, 나는 이미 대답을 알고 있다. 아버지는 매일 세상과 맞서 싸우고 있었던 것이다.

아무것도 가진 것 없이, 너무 가난해 학교도 제대로 다니지 못한 다른 형제들한테 미안해서 더 이상 진학도 포기하고, 그야말로 몸뚱이 하나만 가지고 대구라는 도시로 나온 아버지는 아마 첫날부터 식구들 입에 들어갈 밥을 벌기 위해 매일매일 전쟁을 해야했을 것이다. 언젠가 아버지가 대구에 나와서 처음 하신 일이 형님(둘째 작은아버지)과 강가에서 모래를 채취해서 파는 일이었다는 말씀을 하신 적이 있는데, 나는 이 말이 꽤 오랫동안 머릿속에서 떠나지 않았다. 젊은 아버지가 삽으로 모래를 퍼내고 있는 뒷모습

작은딸 경미네 가족.

이 자꾸 상상이 됐다. 그리고 아버지가 세상과의 밥벌이 사투에서 느꼈을 공포에 대해 생각했다. 아버지는 '일하는 게 고되고 힘들었지만 공포는 뭐꼬?' 하실지도 모르겠다. 나 같으면 너무 두렵고 무서웠을 것 같다.

나는 지금 딸이 둘인데 아버지는 여기에 아들 둘이 더 있었다. 나 혼자 벌어서, 그것도 번듯한 직장을 구할 엄두도 못내고, 오로지 몸으로 벌어서 여섯 식구가 먹고 살아야 한다면. 아마 벼랑 끝에서 매일 버티고 있는 느낌일 것 같다. 게다가 아버지는 충분히 진학을 할 수 있을 정도로 공부도 잘했는데 집이 가난해 포기할 수밖에 없었기 때문에 자칫 다른 생각을 하지 않기 위해 자신을 채찍질하듯이 더 엄격하게 일에만 몰두했을 것이다.

어린 시절 생각나는 대부분의 아버지의 모습은 저녁에 막걸리에 불콰해져서 들어오시던 모습이다. 아버지는 그렇게 일하는 틈틈이 막걸리를 마시면서 피로도 잊고 두려움도 잊을 수 있었을까? 우리 4형제는 그때 아무도 물어보지 못했다. 아버지는 왜 매일 그렇게 막걸리를 드시냐고. 중고등학생일 때에는 그런 아버지의 모습이 싫고 원망스러웠다. 매일 저녁 아버지는 저녁을 드시고 돌아 앉아 돈주머니에서 돈을 꺼내 그날 번 것을 세고, 그 다음날 밑천으로 쓸 돈을 다시 돈주머니에 집어넣는 일을 아주 천천히 하셨다. 나는 밥을 먹으면서 그날 번 돈이 단위별로 방바닥에 깔리는 모습을 슬금슬금 쳐다봤다. 그러면서 방바닥에 깔리는 돈이 좀 많은 날은 내 기분도 덩달아 좋아지고, 지폐가 몇

장 없을 때는 내 가슴도 덩달아 철렁하며 아버지 눈치를 보았다. 서로 다른 천을 덧대서 누더기 같은 돈주머니가 보기 싫으면서도 어느새 나도 아버지의 밥벌이 무게를 조금씩 느끼게 되었던 것 같다. 지금 갑자기 너무 궁금해진다. 그 돈주머니는 아직 대구 집에 있을까?

언니나 내가 아버지한테 '왜 그렇게 무섭게 하셨어요' 하고 꼭 물어보고 싶었던 이유를 알 것 같다. 어렸을 때는 온통 무서움뿐이었지만 지금은 무섭지 않기 때문이다. 그리고, 그때 왜 그랬는지 이제는 알겠다고, 이해한다고 말하고 싶기 때문이다. 다음에 대구 집에 가면 아버지의 돈주머니가 있나 찾아봐야겠다. 돈주머니가 있으면 꺼내서 손으로 한 번 쓸어주어야겠다.

가훈 그 자체였던
아버지

이도화 막내아들

어릴 적 우리집에는 가훈이 있었다. 아버지께서 붓글씨로 쓰신 가훈을 안방문 위에 걸어놓았다. 가훈은 세 가지가 있었는데, 첫 번째가 '성실'이었고, 두 번째는 잘 기억나지는 않지만 '근면'이나 '정직' 같이 일반적인 가르침을 담은 내용이었던 것 같다[08]. 그리고 세 번째는 '인내력을 기르자'로 여느 집의 그것과 좀 다른 내용을 담고 있었다. 내가 아직까지 우리 집 가훈의 내용을 이 정도까지 기억하는 것은 아마도 마지막 것이 특이했기 때문이 아닐까 싶다.

---

08 '양심을 지키자'라는 내용이었다

막내아들 도화의 최근 모습.

아버지를 생각하면서 가장 먼저, 그리고 가장 선명하게 떠오르는 이미지는 어릴 적 보았던 우리 집 가훈 자체였다. 아버지는 우리 집 가훈이 담고 있는 의미를 몸소 실천하시고, 그래서 자식들에게도 그 의미의 가르침을 따라서 잘 살도록 인도하셨다. 항상 부지런하고, 고생을 마다하지 않고, 참고 또 참으시며 가장으로서의 힘든 짐을 짊어지며 살아오셨다.

부모는 말이 아니라 행동으로 자녀를 가르친다고 했다. 이 점에서 우리 아버지는 최고라고 생각한다. 고맙습니다. 아버지.

손주에게 쓰는 편지

현수야 보아라.

할아버지는 현수편지를 읽어보고 현수가 너무나 철이 들고, 생각하는 것이 어른 같아서 감동했다. 누가 시켜서 하는 것보다 자기 스스로 하고 싶은 마음으로 하는 것이 공부가 잘 된다. 남과 같이 해서는 남보다 잘 할 수 없다. 머리도 있어야 하지만 노력하는 데는 못 당한다. 그러니 언제나 남보다 더 많이 해야 한다. 山溜穿石(산류천석). 졸졸 흐르는 물이 바위를 뚫는다는 말이다. 끊임없이 열심히 하면 무슨 일이라도 성취할 수 있다.

이 세상은 생존경쟁에서 이겨내야만 성공할 수 있다. 그러니 인내력을 가지고 고통스러움을 참아내야 한다. 水到渠成(수도거성). 물이 흐르면 자연히 도랑이 생긴다는 말이다. 학문을 깊이 닦으면 자연스레 도가 이루어진다.

그리고 현수는 정직하다고 믿고 있다. 할아버지는 너에게 언제나 정직해야 한다고 일러준다. 남의 물건은 지푸라기 하나라도 주인의 허락 없이는 만지지도 마라. 暗室欺心(암실기심)이라도 神目(신목)은 如電(여전)이니라(어두운 방에서 혼자 양심을 속여도 귀신의 눈은 번개와 같다). 양심껏 살면 언제나 마음이 편하다.

이 모든 글귀가 현수가 마음에 새겨둘 교훈이

다. 할아버지도 자랑 같지만 초등학교 6년, 포항중 3년간 전교 1, 2등을 했다. 대구사범고등학교에 합격했지만 돈이 없어 못 갔다. 하지만 지금은 여한이 없다. 현수가 할아버지의 귀한 장손이고, 내가 기대하는 희망이고, 자랑스럽기 때문이다.

감기 조심하고, 건강해야 한다.

할아버지 씀.

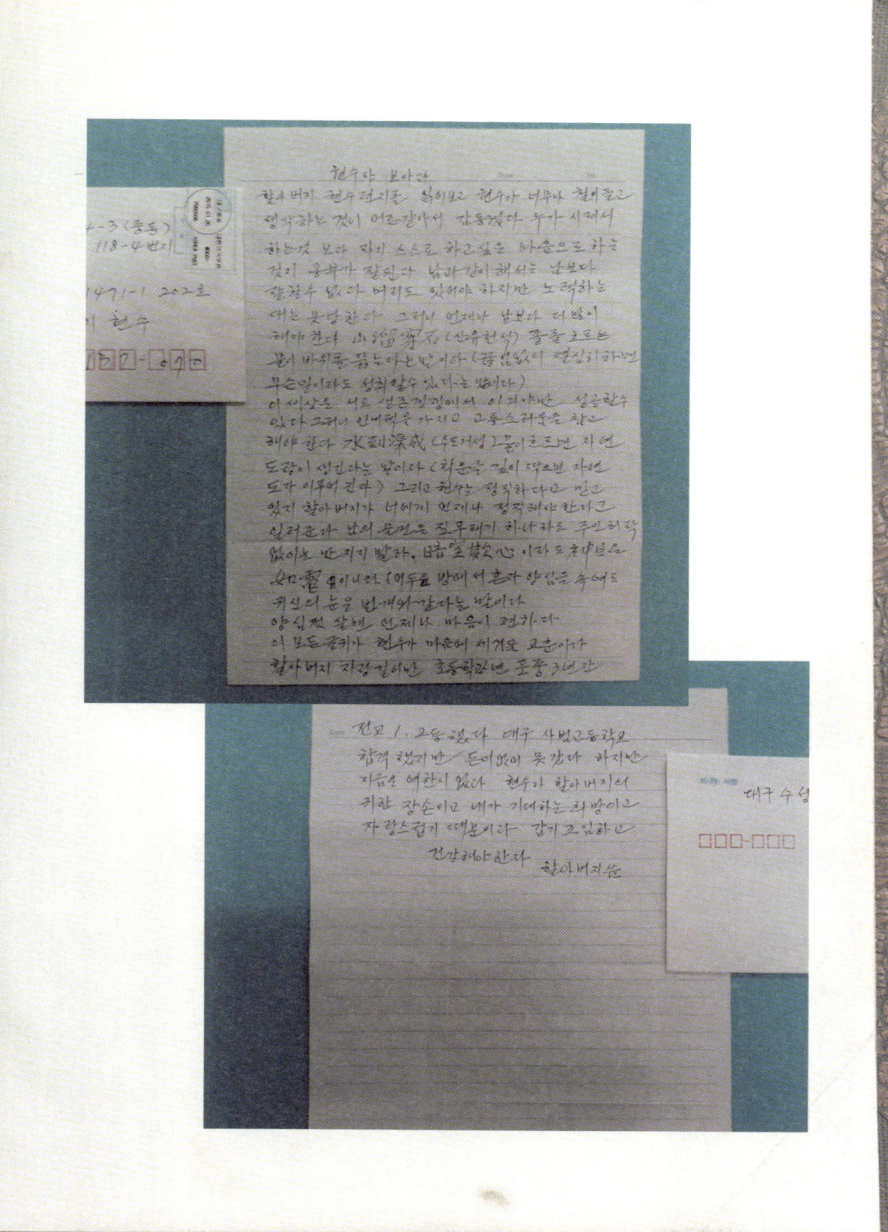

오래된 리어카

2020년 8월 31일 발행

펴낸곳 | 도서출판 렉시오
지은이 | 이석철
커뮤니케이터 | 유병철
편집 | 윤지혜

주소 | 서울시 관악구 신림로 340 7층 C710호
이메일 | lexio2010@naver.com

출판등록 | 제2020-000032호
ISBN | 979-11-970708-1-5 03810
저작권자 | ⓒ 2018 by 렉시오
이 책의 저작권은 렉시오에 있습니다.
저자와 출판사의 허락 없이 내용의 일부를 인용하거나 발췌하는 것을 금합니다.